任正非
管理的真相

孙力科◎编著

浙江人民出版社

图书在版编目（CIP）数据

任正非：管理的真相 / 孙力科编著 . — 杭州：浙江人民出版社，2017.6（2021.4 重印）

ISBN 978-7-213-08035-7

Ⅰ . ①任… Ⅱ . ①孙… Ⅲ . ①通信—邮电企业—企业管理—经验—深圳 Ⅳ . ① F632.765.3

中国版本图书馆 CIP 数据核字（2017）第 116929 号

任正非：管理的真相

孙力科　编著

出版发行　浙江人民出版社（杭州市体育场路 347 号　邮编 310006）
责任编辑　钱　丛
责任校对　戴文英　朱志萍
装帧设计　刘红刚
电脑制版　顾小固
印　　刷　三河市冀华印务有限公司
开　　本　700 毫米 ×980 毫米　1/16
印　　张　17
字　　数　202 千字
版　　次　2017 年 6 月第 1 版
印　　次　2021 年 4 月第 7 次印刷
书　　号　ISBN　978-7-213-08035-7
定　　价　39.80 元

前 言

《时代周刊》曾评价说：“年过六十的任正非显示出惊人的企业家才能，他在1987年创办了华为公司，这家公司已经重复当年思科、爱立信卓著的全球化大公司的历程，如今这些电信巨头已经把华为视作‘最危险’的竞争对手。”

英国《经济学人》给予过华为高度的评价：“它的崛起，是外国跨国公司的灾难。”

万科企业董事长王石夸赞华为：“当华为还是一家名不见经传的公司，处在创业初期时，任总对新生事物的敏感和快速反应使其总能做出不同于常人的判断和行为。”

TCL集团总裁李东生说：“国际化做得比较成功的是华为，它的数据是比较可信的，别的企业还在探索当中。”

CIBC世界市场分析师史蒂夫说：“华为公司对网络市场的影响，正如丰田和本田两家公司对汽车市场的影响。”

国务院发展研究中心研究员吴敬琏说：“华为在创业初期十分艰难的情况下，采用激励制度、创新等办法吸引了大量人才，进行大规模的研究和开发投入。经过20年的奋斗，终于摆脱了单纯依靠低劳动成本竞争的被动处境，自立于世界电信业强手之林。华为等一大批企业在坚持自主创新方面为我国企业树立了值得学习的榜样。”

《世界经理人》“15年来对中国管理影响最大的15人”对华为是这样评价的：“华为在国际市场上势不可当的攻击性，以及由此带来的成功，为任正非赢得了西方媒体的尊重。事实上在此之前，为人低调、从不走向幕前的任正非，已经被视为中国通信设备制造领域的神秘‘教父’。”

这就是任正非，这就是华为，在外人看来，无论从哪个方面来看，任正非创立的华为都已经成为国际化的大企业，拥有国际化的技术含量，成了中国企业走上国际舞台的成功典范。

任正非之所以能够将华为从最初几个人的小公司做到如今十几万人的国际性大企业，除了他成功的经营方式，还有他独到的管理模式。任正非不断地在实践中摸索，也学习西方大企业的管理经验，成功总结出既适合中国国情，又与国际接轨的商业模式、经营模式、管理方式等。华为总结出的管理体系，直接触及了华为企业内部的管理改革，华为在完成蜕变之后，以全新的姿态更加自信地迎接国际舞台上的挑战。

在中国的企业家中，任正非算是真正的商业思想家，他在经营、管理华为时，华为曾经经历三次“过冬期”，在华为的低潮期，任正非每次都预测到了企业将面临的困境，带领着华为走出困境，他应对危机的能力，也成为IT界危机管理的范本。

华为留给后人的是什么？任正非说：“以前我们就讲过华为公司什么都不会留下，就剩下管理。为什么？所有产品都会过时，会被淘汰掉，管理者本人也会更新换代，而企业文化和管理体系则会代代相传。因此我们要重视企业在这方面的建设，这样我们就会在奋斗中越来越强，越来越厉害。”

本书全面梳理、总结了任正非的管理思想、经商智慧和做人真经，让读者可以深入了解华为从2.1万元起家创业发展到2009年净利润182.74亿元，跃居为全球电信设备商老二的快速成长之道。从任正非的视角来精彩解读，详尽囊括了华为的成功之道，将任正非的管理精髓一一解析出来。这是一本企业管理的百宝书，通过任正非管理语录加案例分析，为读者呈现出了企业管理的精华，读者可以从这本书中找到企业管理的意义。

目录
Contents

第二章

员工管理：更看重人的潜力，而非经验_33

第三章

干部管理：任人唯亲与任人唯贤相结合_63

第四章

经营管理：企业的经营管理必须求“法”_93

第五章

企业文化管理：不认同华为文化的员工，是很难在华为工作的_121

第六章

创新管理：对手优化了，你不优化，等待你的就是死亡_151

第七章

第八章

市场管理：生存下去的充分且必要条件是拥有市场_199

第九章

国际化管理：东方不亮西方亮_217

附录1

附录2

第一章

思维管理：先进武器并不一定代表战斗力，战斗力来自思维

成功是一个讨厌的教员，它诱使聪明人认为他们不会失败，它不是引导我们走向未来的可靠的向导。华为已处在上升时期，它往往会使我们以为八年的艰苦奋战已经胜利。这是十分可怕的，我们与国内外企业的差距还较大，只有继续艰苦奋斗，长期保持进取、不甘落后的态势，才可能不会灭亡。繁荣的背后，处处充满危机。

——任正非

妥协是对正确方向的坚持

管理语录

坚持正确的方向，与妥协并不矛盾，相反，妥协是对正确方向的坚持。

当然，方向是不可妥协的，原则也是不可妥协的。但是，实现目标过程中的一切都可以妥协，只要它有利于目标的实现，为什么不能妥协一下？当目标方向清楚了，如果此路不通，我们妥协一下，绕个弯，总比原地踏步好，干吗要一头撞到南墙上？

在一些人眼中，妥协似乎是软弱和不坚定的表现，似乎只有毫不妥协，方能显示出英雄本色。但是，这种非此即彼的思维方式，实际上是认定人与人之间是征服与被征服的关系，没有任何妥协的余地。

“妥协”其实是非常务实、通权达变的丛林智慧，凡是人性丛林里的智者，都懂得在恰当时机接受别人妥协，或向别人提出妥协，毕竟人要生存，靠的是理性，而不是意气。

“妥协”是双方或多方在某种条件下达成的共识，在解决问题上，它不是最好的办法，但在没有更好的办法出现之前，它却是最好的办法。

妥协并不意味着放弃原则，一味地让步。明智的妥协是一种适当的交换。为了实现主要目标，可以在次要目标上做适当的让步。这种妥协并不是完全放弃原则，而是以退为进，通过适当的交换来确保目标的实现。

相反，不明智的妥协，就是缺乏适当的权衡，或是坚持了次要目标而放弃了主要目标，或是妥协的代价过高会遭受不必要的损失。

明智的妥协是一种让步的艺术，妥协也是一种美德，而掌握这种高超的艺术，是管理者的必备素质。

只有妥协，才能实现“双赢”和“多赢”，否则必然两败俱伤。因为妥协能够消除冲突，拒绝妥协，必然是对抗的前奏；我们的各级干部如果真正领悟了妥协的艺术、学会了宽容、保持开放的心态，就会真正达到灰度的境界，就能够在正确的道路上走得更远，走得更扎实。

——任正非2010年1月14日在2009年全球市场工作会议上的讲话

管理智慧

妥协是管理上的一个重要方式，管理是一门高深的艺术，并不是非错即对、非黑即白那么简单。管理中最重要的是中间的灰色，灰色管理是在黑与白的管理之间寻求平衡。很多管理者都缺乏灰色管理，任正非早就在《华为十大管理要点》中提出：干部要学会灰色管理才行。

所谓的灰色管理，就是突破了将一切事物都非此即彼的简单思维，在管理过程中，管理者在看待一个方案、一个员工时，不能纯粹地说这个方案可行还是不可行、这个员工优秀还是不优秀。一些人，或者一些事本身没有绝对正确的情况下，管理者要在它们之间找出可以介于两种结论之间的办法，将管理延伸到一个缓冲地带，也就是灰色地带。

任正非曾经说过："我们常常说，一个领导人重要的素质是方向、节奏。他的水平就是合适的灰度。一个清晰的方向，是在混沌中产生的，是从灰色中脱颖而出的，方向是随时间与空间而变的，它常常会变得不清晰。并不是非白即黑、非此即彼。合理地掌握合适的灰度，是使各种影响发展的要素在一段时间里达到和谐，这种和谐的过程叫妥协，这种和谐的结果叫灰度。"

妥协在这里并不是贬义词。灰色管理是在管理中学会妥协，这并不是要求管理者在遇到问题时低头，而是说，管理者既要坚持原则，又要善于找到让员工心甘情愿接受的、能够变通的办法。很多管理者不认同妥协管理的办法，他们认为身为企业的领导者，只有在做决策时坚持自己的想法、毫不让步才能体现出领导者的水平和风范，让员工敬畏；其实不然，人与人之间的关系并不是那么僵硬、不可调和的。尤其是在企业管理中，人际关系错综复杂，管理者一味地强硬只会令管理陷入僵局，倒不如学会妥协，反倒能给团队带来和谐，为合作双方带来合作和共赢。

1999年之后，华为逐步进入了平稳发展的阶段，员工增多，部门结构稳定，基本的经济模式也形成了。在公司发展壮大之后，任正非发现之前粗放式的管理模式已经不可取了，需要的是更高效、更科学的管理模式。任正非决定让华为的管理更加细化、更加有人文色彩，也更加能被员工接受。

在处理公司内部管理的事情上，任正非要求管理者们不能对人或事有浮躁情绪，要收敛自我，少一些冲动，多一些理解和体谅。他要求管理者们无论是在经营上还是在内部人员管理中，都要学会灰色管理，不要凡事都理性判断，上纲上线，极端的管理模式会令公司陷入僵局。

“思想不经磨炼，就容易钝化。善于动脑筋的人，会越来越聪明。他们也许以身尝试，惹些小毛病，各级领导要区分他们是为了改进工作而惹的毛病，还是责任心不强而犯下的错误。如果是前者，就要手下留情，我们要鼓励员工改进工作。在科学家眼里，他的成果永远是不完善的，需要不断地优化。我们产品办、中研部、中试部的员工有这种感觉时，你就进入了科学家的境界。对我们生产的工艺、产品的加工质量，你每天都充满改进的欲望时，难道还看不见爱迪生的身影吗？”

这是任正非在公司表彰杰出员工时发表的一段话，任正非一直认为妥协的灰色管理才是更好地激进员工思维、让员工奋进工作的管理模式。

联想董事长柳传志也是很会灰色管理的人。柳传志的管理风格多变，他变通的管理模式让联想不断发展。在联想选择接班人的过程中，柳传志的灰色管理思想再度闪现光芒。2000年，联想拆分，杨元庆接管联想，郭为接管神州数码。之所以这样做，是为企业和员工着想，接班人只能有一个。柳传志打算让杨元庆接班，让郭为做杨元庆的副手，但柳传志也明白，二人能力旗鼓相当，郭为不一定能够安心当副手，但柳传志又舍不得郭为走，便想出了这样的办法，另外搭了一个舞台。这种管理办法也不失为一种大智慧。

华为的管理就是这样的思想，在管理中不可能做到人人平等，难免有人会受到伤害，在这种时刻，灰色管理的智慧就能帮助管理者渡过难关，中庸而柔和的管理风格，会让管理者和被管理者之间的冲突柔化，实现平缓的过渡；比起强硬的管理方式，灰色的妥协管理不失为更理智的选择。

从必然王国走向自由王国

管理语录

外延的基础是内涵的做实。华为要用五到十年时间将内部关系理顺，使之充满扩张的力量。不是制约它的发展，也不是纵容它的扩张；而是管而不死，活而不乱，依规律行事。各级干部在做实的基础上，努力提高自己的素质，增强驾驭流程与组织管理的能力，并在实践中拥有不断优化自己、批判自己的能力。任何一个人在新事物面前都是无知的，要从必然王国走向自由王国，唯有学习、学习、再学习；实践、实践、再实践。

什么叫自由，火车从北京到广州沿着轨道走，而不翻车，这就是自由。自由是相对必然而言。自由是对客观的认识。人为地制定一些规则，进行引导、制约，使之运行合理就是自由。孔子说他人生的最高境界是“从心所欲，不逾矩”，这就是自由。必然是对客观规律还没有完全认识，还不能驾驭和控制它们，主观还受到客观的支配。例如，粮食现在还不能很大地丰产，水灾和地震还不断给人类造成危害，我们的交换机软件如何发展与稳定……

一个企业能长治久安的关键，是它的核心价值观被接班人确认。接班人又具有自我批判的能力。《华为公司基本法》已阐明了我们的核心价值观，我们的数千名员工认同它，并努力去实践它，实践中把自己造就成各级干部的接班人，这就是希望，这就是曙光。

一个企业的内外发展规律是否真正认识清楚，管理是否可以做到无为而治，这是需要一代又一代优秀员工不断探索的问题。只要我们努力，就一定可以从必然王国走向自由王国。

——任正非1998年3月28日，《要从必然王国，走向自由王国》

管理智慧

在《要从必然王国，走向自由王国》一开始，任正非就提到了："毛泽东同志说过：'人类的历史，就是一个不断地从必然王国向自由王国发展的历史。这个历史永远不会完结。……人类总得不断地总结经验，有所发现，有所发明，有所创造，有所前进。'人们只有走进了自由王国才能释放出巨大的潜能，从而提高企业的效率。但当您步入自由王国时，您又在新的领域进入了必然王国。不断地周而复始，人类从一个文明又迈入了一个更新的文明。"

"必然王国"指的是人们对大自然或者社会一种无能为力的状态，而"自由王国"指的是人们能够支配自然界或者社会的一种状态。任正非在企业管理的理念中提出了这两个概念，意思是对于企业的管理，要做到无为而治，也就是企业不需要人为地控制也能自主达到管理目的，通过激发员工思想热情转化为工作热情，让员工积极主动地工作，不是管理者催着才去工作。

管理的最高境界是"无为而治"。所谓"无为而治"并不是指管理者什么都不管，将企业的一切抛到脑后；而是指管理者在管理企业时，不需要每日奔波劳累，能够自然地、轻松地让公司在正轨上运行。很多大企业，虽然领导者经常不在公司工作，出去喝喝茶、打打高尔夫球，但这些大企业都运作得非常成功，每年的盈利一直在增长。相比之下，一些企业的管理者每天在公司加班熬夜地工作，但企业的运作就是不见起色，这样的企业管理者其实还不懂什么叫真正的管理。

任正非知道，想要华为"无为而治"，不能只靠自己一个人的能力，他还需要一支素质很高的领导团队。任正非希望华为的管理在上升的过程中，能够一步一步摆脱资金、条件、人才的限制，进入管理的"自由王国"。华为员工在华为工作不再是单纯听从领导和管理者的安排，而是员工自发、主动地发挥出自己的潜力和才能。

想要做到这一点，管理者就要为员工提供一个大的、好的平台，任正非说："我相信这些无生命的管理，会随着一代又一代的人死去而更加丰富、完善。几千年以后，不是几十年，这些无生命的管理体系就会更加完善，同时又充满活力，这就是企业的生命。"任正非所说的"无生命的管理"，指的就是"无为而治"，这是他引进的国外先进管理理念，不是靠管理者管理，而是靠员工自我管理。

每个企业的发展，都是从"必然王国"走向"自由王国"的过程。1998年，华为进入了大规模的扩张期，这一年，华为的销售额达到了89亿元，华为的核心产品进入了国内所有发达省份和主要城市；在传统的交换机市场上，华为的风头盖过了西门子等国际企业，市场份额高达22%。

在如此辉煌的成绩面前，任正非考虑到华为想要更好地发展，就要在管理思想上深刻研究和探讨。他认为华为应该有一套健全的管理体制鞭策员工，让员工能够不断自我完善、自我提升；还能够让员工有良好的自治性，华为的员工大多从事思维型的工作，僵硬的工作条例对他们开展工作没有多大的好处，所以，管理思想要开放，要让员工感到在华为工作更加自主和富有张力。

繁荣背后是更多的身心付出

管理语录

我们的市场营销要从公关—策划型向管理型转变，高、中级要作势，基层要做实。这种“作势、做实”需要多少人去琢磨，我们那些读了几年人的销售工程师，在理论上要再提高，多读一些书，“读书又读人”“读人再读书”，难道就不会转变成战略专家吗？知识点在积累，方法在于一点一滴去实践，成绩在于一点一滴去创造。只要动脑筋，善于用纸、笔去总结，几年后您再来看自己，就会奇怪进步为什么这么大。华为是一所大学校，它在改造人，培养造就人。一个思想上的懒汉，真是虚度了这么宝贵的年华。为什么会有大厨师？为什么会有名小吃？难道思想上不艰苦奋斗会有这些成就吗？一个机关干部不断改善运作程序，不断改善周边合作，下了决心去总结，推行ISO9000、MRPII会有这么难吗？华为人做任何事都十分认真，而且第一次就要把它做好，这种风气已广泛为员工所接受。只有在思想上艰苦奋斗，才会在管理上赶上日本。当我们的产品质量非常好、成本又低时，销售还会这么难吗？销售不难，可以减一些人，成本又进一步下降，竞争力又进一步增强，管理的“马太效应”不就发生了吗？

当然，华为要培养优秀的科学家、营销专家、管理家，但整个培养工作要实行“低重心”战略，要重视普通员工、普通岗位的培训。要苦练基本功，培养过硬的钳工、电工、厨工、库工……工程师、秘书、计划员、统计员、业务经理……每一个人、每一项工作都有基本功。要把员工“做实”紧紧抓住不放，否则大好形势就浪费了。员工眼高手低的状况要克服，要做踏踏实实的、在本职工作中有所作为的人。真正像江总书记希望的那样，向德国人民学习一丝不苟的实干精神。

——任正非1996年4月6日在十大杰出员工表彰大会上的发言

管理智慧

任正非告诫华为的员工们，世上从来就没有什么救世主，想要创造幸福，能依靠的只有自己的双手。华为发展到如今，在很多人看来规模真是相当大了，已经算成功企业了。但任正非认为华为的员工依然不可掉以轻心，依然要全身心投入工作中，因为繁荣的背后是更多的身心付出。

在《天道酬勤》中，任正非动情地写道：“18年来，公司高层管理团队夜以继日地工作，有许多高级干部几乎没有什么节假日，24小时不能关手机，随时随地都在准备处理可能发生的问题。现在，更因为全球化后的时差问题，总是夜里开会。我们没有国际大公司积累了几十年的市场地位、人脉和品牌，没有什么可以依赖，只有比别人更多一点奋斗，只有在别人喝咖啡和休闲的时间努力工作，只有更虔诚地对待客户，否则我们怎么能拿到订单？

“中国是世界上最大的新兴市场，因此，世界巨头都云集中国，公司创立之初，就在自己家门口碰到了全球最激烈的竞争，我们不得不在市场的夹缝中求生存。当我们走出国门拓展国际市场时，放眼一望，所能看得到的良田沃土，早已被西方公司抢占一空；只有在那些偏远、动乱、自然环境恶劣的地区，他们动作稍慢、投入稍小，我们才有一线机会。为了抓住这最后的机会，无数优秀华为儿女告别故土，远离亲人，奔赴海外，无论是在疾病肆虐的非洲，还是在硝烟未散的伊拉克，或者海啸灾难后的印度尼西亚，以及地震后的阿尔及利亚，到处都可以看到华为人奋斗的身影。我们有员工在高原缺氧地带开局，爬雪山，越丛林，徒步八天，为服务客户无怨无悔；有员工在国外遭歹徒袭击，头上缝了三十多针，康复后又投入工作；有员工在飞机失事中幸存，惊魂未定又救助他人，赢得当地政府和人民的尊敬；也有员工在恐怖爆炸中受伤，或几度患疟疾，康复后继续坚守岗位；我们还有三名年轻的非洲籍优秀员工在出差途中因飞机失事不幸罹难，永远地离开了我们……

“18 年的历程，10 年的国际化，伴随着汗水、泪水、艰辛、坎坷与牺牲，我们一步步艰难地走过来了，面对漫漫‘长征路’，我们还要坚定地走下去。”

华为能够有今日的成绩不是大风吹来的，而是华为人咬紧牙关挺过来的，在华为刚成立的时候，华为人经历了一段很苦的日子。1991年9月，任正非带领五十多名员工在宝安县的工业大厦开始了奋斗之路。那段时间，所有人都非常辛苦，一位当时的华为人回忆说：“一层楼既是生产车间、库房，又是厨房和卧室。十几张床挨着墙边排开，床不够，用泡沫板上加床垫代替。无论是领导还是普通员工，累了睡一会儿，醒来接着干。”

创业初期，创业者们把自己的工资和奖金都投到了公司的发展中，自己只拿很少一部分的报酬，很大一部分的华为管理者常年租住在农民修的房子里，图的就是租金便宜，用省下来的钱购买原材料、购买实验室里需要用的仪器等物品。在老员工全身心的付出下，华为才挺过了公司最困难的岁月，才能够继续生存和发展。

这种魔鬼般的工作方式就是华为员工当时真实的情形。在华为创业初期，没有资源和条件的情况下，华为人靠的就是艰苦奋斗、全身心付出、夜以继日地钻研技术方案，这才为今日华为的发展奠定了坚实的基础。

“还记得20世纪90年代初那段艰难的日子，在资金、技术各方面都匮乏的条件下，咬牙把鸡蛋放在一个篮子里，依靠集体奋斗，群策群力，日夜攻关，利用压强原则，重点突破，我们终于拿出了自己研制的第一台通信设备——数字程控交换机。”任正非对那段日子记忆犹新。

1998年，交换机用户板设计不合理导致对全网一百多万块用户板进行整改。2000年，光网络设备因为电源的问题，华为从网上回收、替换了二十多万块板子，这些板子在华为的仓库里堆积如山，造成了十几亿元的损失，但为了对客户负责和承担公司的诚信问题，任正非毫无怨言。

为了设计出更好的产品，华为人将之前的设计推倒重来；为了能赶得上市场的发展态势，为了能够继续在市场竞争中处于领先地位，华为人只有付出比竞争者更多的代价，付出更多的努力和精力。他们将全部精力投放在工作上，没日没夜地加班工作，累了就在办公室铺上垫子睡一觉，睡醒了接着干，这就是华为公司传承至今的“垫子文化”。

华为的繁荣是建立在华为员工努力付出的基础上的。在公司发展壮大之后，任正非依然提倡华为员工要有这种艰苦付出的精神，他并不反对华为员工过舒适的生活、有舒适的工作环境，他很提倡并鼓励华为员工尽情享受自己创造的物质条件，华为也尽可能为员工提供优厚的待遇。作为管理者，在为员工提供优质条件的同时，任正非也时刻提醒员工要保持积极上进的心，在工作上永不满足，不断攀升。

作为华为的管理者，任正非始终明白调动员工的工作积极性是非常重要的，想让企业繁荣发展、业绩稳固提升，就要带领员工将高度热忱投入到工作中去。任正非从没认为华为已经到了很强大的地步，他认为华为想要继续发展下去，就需要不断艰苦奋斗，用在别人看来很“傻”、很“苦”的努力工作的劲头，将企业的繁荣持续下去。

如果没有新陈代谢，生命就会停止

管理语录

市场部集体大辞职对构建公司今天和未来的影响是极其深刻和远大的。我认为任何一个民族、任何一个公司或任何一个组织如果没有新陈代谢，生命就会停止。只要有生命的活动就一定会有矛盾，会有斗争，也就一定会有痛苦。如果说顾全每位功臣的历史，那么我们就会葬送公司的前途。如果公司要有前途，那么每个人就必须舍弃小我。对四年前的行为如今我们来做一次评价，事实已向我们证明那次的行为是惊天动地的，否则也就不可能有公司的今天。毛生江从山东回来，不是给我们带来一只烧鸡，也不是给我们带来一只凤凰，因为虽说烧不死的鸟是凤凰，但凤凰也只是个体，凤凰是生物，生物是有时限的。我认为他给我们带来的是一种精神，这种精神是可以永存的。孙总是市场部集体大辞职的带头人，但她受伤害最小。在市场部集体大辞职中毛生江是受挫折最大的人，经历的时间也最长，但是他在这四年中得到了很大的锻炼，也得到了很大的成长。

孙总给《华为人》报交代，要写一篇文章，把这种精神好好记述下来，并号召全体干部向他学习。

大家已经看到了我们高层领导干部的任职资格标准，知道了对高层干部的评价标准也发生了变化。如果没有市场部集体大辞职所带来对华为公司文化的影响，我认为任何先进的管理、先进的体系在华为都无法生根。市场部集体大辞职是一场洗礼，他们留给我们所有人的是一种自我批判精神。如果说四年前我们华为也有文化，那么这种文化是和风细雨式的像春风一样温暖的文化，这个文化对我们没有太大的作用。必须经过严寒酷暑的考验，我们的身体才是最健康的。因此市场部集体大辞职实际上是在我们的员工中产生了一次灵魂的大革命，使自我批判得以展开。我个人也希望树立一批烧不死的鸟做凤凰。有极少数人是真正"在烈火中烧"的，如果说他们能站起来，那他们对我们华为人的影响是无穷的。

——任正非2000年内部讲话《凤凰展翅，再创辉煌》

管理智慧

1996年1月，华为内部发生了一件被业内人士称为"惊天地，泣鬼神"的重大事件——市场部集体辞职。这起事件不是突然而来的，早在1995年12月26日，任正非在《目前形势与我们的任务》中提到："为了明天，我们必须修正今天。你们的集体辞职，表现了大无畏的、毫无自私自利之心的精神，你们将光照华为的历史！”

当时，华为市场部所有的正职干部，从市场部总裁到市场部各办事处的主任，都提交了两份报告，一份是述职报告，另一份是辞职报告。提交了报告后，他们要按照竞聘的方式进行答辩，公司会根据他们的表现来决定留下哪份报告。在这场事件中，很多市场部的干部都被替换了下来。从事件表面来看，这只是华为内部一次人事变动而已；但从深处思考，可以看到任正非的用意绝不是如此简单。

华为最开始创业的时候，任正非想的就是让公司活下来，并且把公司做好，在管理上并没有下多大功夫。华为人在最开始的时候，依靠的就是自身奋力拼搏的精神，没日没夜地工作，苦熬奋斗将企业发展起来。在那个时候，超负荷地工作是家常便饭，很多华为人由于长期的疲劳工作，错过了很多和家人团聚的机会，身体状况也不是很好。

任正非多次提到了创业初期华为人艰苦奋斗的精神，他对那段经历，对那些人抱以深深的感恩之情。在华为发展壮大之后，管理工作就不能像之前那样粗糙不讲究了，企业的扩大标志着华为以代理销售为主的盈利模式需要进一步转变，转化成系统性的管理发展模式。当年创业期的华为骨干、华为“英雄”随着企业的发展，已经跟不上前进的步伐，他们管理水平的低下也逐渐暴露出来，如果让他们继续留在管理岗位，那就是对华为的不负责任，对员工的不负责任。

所以，这次集体大辞职事件就是为了实现从创业期到发展期的新老接替，解决企业发展过程中的“瓶颈”。但如果贸然将公司元老或者高级管理者降级或者辞退，会对公司员工的心理造成冲击，不利于人心稳定。华为需要变革，不变革就不能生存，不能发展。任正非为了让公司安然度过转型期，便引导公司员工进行自我批判，只有勇于自我批判，才能听进去不同的意见、接受不同的批评，所以，华为的这场集体大辞职事件是解决问题的途径之一，让华为人集体归零，不分等级，大家竞聘上岗，不论资排辈。这就体现了任正非管理思想中先进的一面。

集体辞职开创了华为干部能上能下的先河，这也成了企业在转型期如何顺利过渡、实现新老接替的成功案例。让企业的管理层不断注入新的血液，不但可以令企业良好发展，还能够刺激企业管理者不断学习的上进心，加速个人的成长。

居安思危，不是危言耸听

管理语录

有一篇文章叫《不眠的硅谷》，讲述了美国高科技企业集中地硅谷的艰苦奋斗情形，无数硅谷人与时间赛跑，度过了许多不眠之夜，成就了硅谷的繁荣，也引领了整个电子产业的节奏。华为也是无数优秀儿女贡献了青春和热血，才形成今天的基础。创业初期，我们的研发部从五六个开发人员开始，在没有资源、没有条件的情况下，秉承20世纪60年代“两弹一星”的艰苦奋斗精神，以忘我工作、拼搏奉献的老一辈科技工作者为榜样，大家以勤补拙，刻苦攻关，夜以继日地钻研技术方案，开发、验证、测试产品设备……没有节假日和周末，更没有白天和夜晚，累了就在垫子上睡一觉，醒来接着干，这就是华为“垫子文化”的起源。虽然今天垫子只是用来午休的，但创业初期形成的“垫子文化”记载的老一代华为人的奋斗和拼搏，是我们需要传承的、宝贵的精神财富。

华为走到今天，在很多人眼里已经很大了，很成功了。有人认为创业时期形成的“垫子文化”、奋斗文化已经不适合了，可以放松一些，可以按部就班，这是危险的。繁荣的背后充满危机，这个危机不是繁荣本身必然的特性，而是处在繁荣包围中的人的意识。艰苦奋斗必然带来繁荣，繁荣后不再艰苦奋斗必然丢失繁荣。“千古兴亡多少事？悠悠。不尽长江滚滚流。”历史是一面镜子，它给了我们多么深刻的启示。我们还必须长期坚持艰苦奋斗，否则就会走向消亡。当然，奋斗更重要的是思想上的艰苦奋斗，时刻保持危机感，面对成绩保持清醒的头脑，不骄不躁。

艰苦奋斗是华为文化的魂，是华为文化的主旋律，我们任何时候都不能因为外界的误解或质疑动摇我们的奋斗文化，我们任何时候都不能因为华为的发展壮大而丢掉了我们的根本——艰苦奋斗。

——任正非2006年8月，《天道酬勤》

管理智慧

据华为官方数据显示，2005年，华为实现合同销售额82亿美元；2006年，华为实现合同销售额110亿美元，其中65%的销售额来自国际市场。华为的销售额年年大幅度增长，新员工不断加入，企业不断扩大，外界认为，这是华为最好的时光。

但任正非并不这样认为，他的忧患、危机意识很强。在任正非眼中，没有什么最好的时光，他总能时刻清醒地看到未来有什么危机，并积极采取防范措施。虽然华为在2006年取得了很好的销售业绩，但任正非却道“电信业正在变穷”，他看到全球电信设备市场业绩虽然持续增长，但电信设备的价格却呈快速下降的趋势。从2004年到2005年，GSM-BSS和CDMA-BSS的用户价格平均下滑了44%，宽带接入的下滑速度虽然没有电信设备快，但也平均每年下降29%，这样的价格，让运营商的日子很难过。

“自创立那天起，我们历经千辛万苦，一点一点地争取到订单和农村市场；另外，我们把收入都拿出来投入到研究开发上。当时我们与世界电信巨头的规模相差200倍之多。我们用了十余年时间，一点一滴锲而不舍地努力，终于在2005年，销售额首次突破50亿美元，但与通信巨头的差距仍有好几倍。最近不到一年的时间里，业界几次大兼并：爱立信兼并马可尼，阿尔卡特与朗讯合并、诺基亚与西门子合并，一下子使已经缩小的差距又陡然拉大了。我们刚指望获得一些喘息的机会，直一直腰板，拍打拍打身上的泥土，没想到又要开始更加漫长的艰苦跋涉……”任正非在《天道酬勤》中这样写道。

任正非警告华为的员工，不要沉溺于眼前的盈利和短暂的发展中，要将目光放长远，他说道：“10年来我天天思考的都是失败，对成功视而不见，也没有什么荣誉感、自豪感，只有危机感，就是因为这样华为才存活了10年。”这种危机感的存在，令任正非总是能看得更长远。及时发现企业发展中的缺陷和不足，所以他也总是能够领先别人一步。

《左传》中说道：“居安思危，思则有备，有备无患。”在如今越来越激烈的市场竞争中，优胜劣汰是所有企业的游戏规则，企业想要立于不败之地，管理者一定要有危机意识，能够居安思危。很多企业在发展壮大之后，就认为自己在行业中能够长足发展，缺乏了对竞争环境变化的意识，危机来了也没有发觉，最后发展的动力被削弱。

任正非能够在华为的春天中看到即将而来的冬天，他始终处于警觉状态，不会丧失危机意识，任正非认为华为人应该有“每天继续改进”的欲望，每个部门的人都要不断完善自己，看到市场发展的潜力，要不断学习，不要认为自己现在的成就可以安享一辈子了。任正非笃定地认为，成功只是过去的阶段性胜利，不能说明一切，在思想中要永远保持艰苦奋斗的思想传统，才能在更远的未来获得更大的成功。

管理者应该为员工准备好过冬的棉衣，这样在“冬天”来袭时，员工才不会措手不及。任正非认为企业的发展不会是一帆风顺的，在不同的阶段会有不同的考验，管理者要提升自己的危机意识，这样才能在考验来临时，及时应对。不论企业发展得有多大，也不论企业发展了多少年，管理者要清醒地认识到，生存是非常重要的事情，为了企业能够生存下去，管理者必须时时打起精神来。

任正非认为每个管理者都要不断挑战自己，少一些抱怨，多一些分担，和公司一起奋斗，而不是逃避责任，不敢担当。

均衡发展，就是要抓短的那块木板

管理语录

在管理改进中，一定要强调改进我们木板最短的那一块。为什么要解决短木板呢？公司从上到下都重视研发、营销，但不重视理货系统、中央收发系统、出纳系统、订单系统等，这些不被重视的系统就是短木板，前面干得再好，后面发不出货，还是等于没干。因此全公司一定要建立统一的价值评价体系、统一的考评体系，才能使人员在内部流动和平衡成为可能。比如有人说我搞研发创新很厉害，但创新的价值如何体现，创新必须通过转化变成商品，才能产生价值。我们重视技术、重视营销，这一点我并不反对，但每一个链条都是很重要的。

研发相对用（户）服（务）来说，同等级别的用服工程师可能要比研发人员综合处理能力还强一些。所以如果我们对售后服务体系认同，那么这个体系就永远不是由优秀的人来组成的。不是由优秀的人来组织，就是高成本的组织。因为他飞过去修机器，一趟修不好，又飞过去又修不好。我们把工资全都赞助给民航了。如果我们一次就能修好，甚至根本不用过去，用远程指导就能修好，将节省多少成本啊！

我们这几年研究了很多产品，但IBM等西方公司到我们公司来参观时就笑话我们浪费很大，因为我们研究了很多好东西就是卖不出去，这实际上就是浪费。我们不重视体系的建设，就会造成资源上的浪费。要减少木桶的短木板，就要建立均衡的价值体系，要强调公司整体核心竞争力的提升。

——任正非2001年公司内部讲话

管理智慧

“木桶理论”是人们非常熟悉的理论，讲的是一只木桶能够装多少水，是由木桶壁上最短的木板决定的，而不是由最长的木板决定。这个理论多被应用于企业管理中，用木桶比喻企业，组成木桶的不同木块就是企业中的员工。按照“木桶理论”讲的那样，决定企业发展优劣的不是企业中非常优秀的、出类拔萃的人才，而是企业中薄弱的环节和表现不好的员工。

任正非认为在华为的管理中，也存在木桶问题。对于华为来说，“最短的木板”就是企业发展的劣势，要想在经营竞争中取胜，就要平衡各个木板的长短，不能让短板影响企业的发展。所以，在2001年“管理十大要点”的发言中，任正非强调了“均衡发展”将作为华为管理任务的第一个要点。

从日本考察回来之后，任正非写了《北国之春》。在文章中，任正非再次提到了华为管理上的短板问题：“华为组织结构的不均衡，是低效率的运作结构。就像一只桶装水的多少取决于短的那块木板一样，不均衡的地方就是流程的‘瓶颈’。例如，公司初创时期，工作人员饥寒交迫，等米下锅。初期十分重视研发、营销以快速适应市场的做法是正确的。活不下去，哪儿来的科学管理？但是，随着创业初期的过去，这种偏向并没有向科学合理的方向转变，因为晋升到高层的干部多是来自研发、营销的干部，他们在处理问题、价值评估时，有不自觉的习惯倾向，使强的部门更强、弱的部门更弱，形成‘瓶颈’。有时一些高层干部指责计划与预算不准确，成本核算与控制没有进入项目，会计账目的分产品、分层、分区域、分项目的核算做得不好，现金流还达不到先进水平……但如果我们的价值评估体系不能使公司的组织均衡的话，这些部门缺乏优秀干部，就更不能实现同步的进步。它不进步，你自己进步，整个报表会好？天知道。这种偏废不改变，华为的进步就是空话。”

意识到企业管理中存在的问题，就要努力弥补，任正非不断学习各种先进的管理经验，坚持推行均衡发展的管理思想，通过不断增强企业能力，加强了企业在外部的竞争力。优秀的管理者一定要总结错误，发现自己与别人的距离。人无完人，没有一个管理者是足够优秀的，都会有做得不到位的地方，这个时候，就需要管理者调整状态、总结经验了。

丰田是世界十大汽车工业公司之一。丰田之所以能够做到这么好的成绩，其中一个重要的因素就是丰田的管理者一直懂得自我反思，能看清自己企业与别的企业之间的距离，然后思考改进战略。

在丰田汽车生产中心，管理者给了工人一个权利，就是发现问题“拉灯”的权利，这样做能够随时提醒产品存在潜在的问题。如果不能及时解决这些潜在的问题，丰田就会停掉整条生产线。丰田的管理者将发现问题的权利赋予到了每一个工人身上，每个丰田的成员都可能成为问题的发现者。

在各个成员的监管下，丰田自然会及时发现错误，并及时改进，这就是丰田越做越强大的原因。很多企业的管理者认为自己的企业就是业内数一数二的，足够厉害，可以高枕无忧了。但其实竞争每天都存在，一日的松懈，就会造成日后无法追赶的差距。

就像任正非说的那样：“人是有差距的，要承认差距的存在。一个人对自己所处的环境要有满足感，不要不断地攀比。你们对自己付出的努力没有满足感，就会不断地折磨自己并痛苦着，真是身在福中不知福。这不是宿命，宿命是人知道差距后而不努力去改变。”

企业的管理者应当时时刻刻注意到这种距离感，随时做出战略调整，以便拉近自己与其他企业之间的距离。企业管理者的这种居安思危，不仅能帮助企业确立正确的战略目标，还能帮助企业的管理者制定出更加适合企业发展的方案，所以，每个管理者都不要仅仅在自己的企业内埋头苦干，也要放眼市场，这样才能令企业立于不败之地。

只有安静的水流，才能走得更远

管理语录

对待媒体的态度，希望全体员工都要低调，因为我们不是上市公司，所以我们不需要公示社会。我们主要是对政府负责任，对企业的有效运行负责任。对政府的责任就是遵纪守法，我们去年交给国家的增值税、所得税是18个亿，关税是9个亿，加起来一共是27个亿。估计我们今年在税收方面会再增加百分之七八十，可能要交给国家40个亿。我们已经对社会负责了。媒体有他们自己的运作规律，我们不要去参与，有的员工到网上辩论，是帮公司的倒忙。

我想，每个员工都要把精力用到本职工作上去，只有本职工作做好了才能为你带来更大的效益。国家的事由国家管、政府的事由政府管、社会的事由社会管，我们只要做遵纪守法的公民，就完成了我们对社会的责任。只有这样我们的公司才能安全、稳定。不管遇到任何问题，我们的员工都要坚定不移地保持安静，听政府的话，跟政府走。严格自律，不该说的话不要乱说，特别是干部要管好自己的家属。华为人都是非常有礼仪的人。当社会上根本认不出你是华为人的时候，你就是华为人；当这个社会认出你是华为人的时候，你就不是华为人，因为你的修炼还不到家。

——任正非2001年3月，《华为的冬天》

管理智慧

任正非一直非常低调，可以说他是中国最神秘的企业家。华为缔造了一个又一个传奇，但华为的领军人任正非却总是“神龙见首不见尾”，作为大企业的管理者，他为人低调，从不张扬，他被贴上了各种标签：“土狼”“军人”“硬汉”……但他从不对此做出回应，所以，他被称为“中国最神秘的企业家”。

不管媒体怎么追踪，任正非都一直与其保持距离，他在公众面前很少露面，总是把自己隐藏在幕后。任正非对各种采访、活动都避而不去，任正非还向华为的高层下过死命令：“除非重要客户或者合作伙伴，其他活动一律免谈，谁来游说我，我就撤谁的职。”整个华为由此上行下效，全体以近乎本能的封闭和防御姿态面对外界。任正非就这样一直躲在幕后，当有人问到他为什么不愿意接受采访时，他是这样回答的：“我们有什么值得见媒体的？我们天天与客户直接沟通，客户可以多批评我们，他们说了，我们改进就好了。对媒体来说，我们不能永远都好啊！不能在有点好的时候就吹牛，我不是不见人，我从来都是见客户的，无论多小的客户我都见。”

任正非这样低调，一方面，是性格使然，他天性中沉稳大气的性格让他成了稳重低调的管理者；另一方面，任正非也是为华为考虑，俗话说树大招风，任正非也是不想为华为招惹是非。在一次去国外出差的旅途中，任正非发自肺腑地说道：“当台风来的时候，什么措施最保险？不是站得高、挺得直，而是趴下，尽量低一些，再低一些，才能不被吹倒！我们不知道什么时候会来大风，所以，我们一直要尽量低一些。”

中庸之道是儒家思想的精髓，也是儒家修身的法宝。精明的商人，在为人处世的时候，往往会持中庸之道，他们从不张扬，低调做人，因为只有不过分彰显自己，才能够避免招来敌意，从而也让别人摸不清你的底牌，确保你在处世中游刃有余、进退自如，在低调中修炼自己，看似平淡，实际上是一门高深的处世哲学。

有人曾做过一个形象的比喻，认为金钱就像流水一样，从高处向低处流，流到最后，覆盖的面积也就是整个流动过程中最大的，赚钱就是这样，一个始终保持低调的人，金钱就会顺势向他流去。对于这一观点，李嘉诚是非常认同的，因为很多人曾向他请教过赚钱的秘诀，而他给出的答案只有一个，那就是保持低调。

成名之后，李嘉诚的经商策略被人们奉为经典，人们争相效仿，渴望能够一夜成名。但是对于李嘉诚低调做人的观点，很多人是不能接受的，认为用自己辛辛苦苦赚来的钱使自己过得奢华一点，没有什么不好。但是不管别人怎么评说自己，李嘉诚依然保持自己一贯的低调作风。

在筹建汕头大学时，有人建议李嘉诚以自己的名字命名这所大学，这本是很出风头的行为，但是李嘉诚却拒绝了，他说："这个名呢，真的是……如果你建起一所大学，太多股东的名字，这边一个，那边一个，我自己好像感到有不好的地方。有的人希望自己的名字最好更大一点、更醒目一点，但是，一个人有一个人的人生观，我的人生观就是我做的都是自己认为对国家、对民族有利的，只要能这样做下去的话，那么没有我的名字是不要紧的，只要做好这个事业。"

李嘉诚不仅时刻告诫自己要保持低调，而且也经常告诫自己的两个儿子，为人处世不要过分张扬，当李泽钜自立门户开始创业的时候，李嘉诚赠送给他的第一句话就是：“树大招风，保持低调。”

古人曾说过：“地低为海，人低为王。”意思是地不畏其低，方能聚水成渊；人不畏其低，故能孚众为王。以低求高，以曲求直，是一种姿态、一种修养，也是做人的一种品格。正如明朝杨慎的《韬晦术》中所说“音大者无声，谋大者无形”，真正的伟大往往弥漫于普通、谦逊之中，是无边无界、浩然无极的。

任正非对外界关于他低调的传闻一概不理会，他说：“只有安静的水流，才能在不经意间走得更远。”任正非带领华为踏踏实实做事、扎扎实实做人。这些年，在一些企业忙于作秀、向公众展现自己时，任正非带领华为已经悄然成为中国民营企业中的领头羊。所以说，不论你想取得什么样的成功，低调做人都是必要的品质。只有懂得低调做人，你才能在社会这个大舞台扮演好自己的角色；你才能在人生的旅途平稳地走好每一段路；你才能拥有一颗平常心，才不会被外界左右，才能够变得冷静、变得务实；最终确保你到达成功的顶峰，演绎精彩的人生。

居里夫人说：“我是想让孩子从小就知道，荣誉就像玩具，只能玩玩而已，绝不能看得太重，否则将一事无成。”在任正非看来，外表的光鲜、荣誉地位都是无关紧要的，脚踏实地做事才最重要。

华为没有成功，只是在成长

管理语录

有人将企业比作一条船，松下电工就把自己的企业比作冰海里的一条船。在松下电工，我们看到，不论是办公室还是会议室，或是通道的墙上，随处都能看到一幅张贴画，画上是一条即将撞上冰山的巨轮，下面写着："能挽救这条船的，唯有你。"其危机意识可见一斑。在华为公司，我们的冬天意识是否那么强烈，是否传递到基层，是否人人都行动起来了？

华为还未处在冬天的位置，在秋末冬初，能认真向别人学习，加快工作效率的整体提高，改良流程的合理性与有效性，裁并不必要的机构，精减富余的员工，加强员工的自我培训和素质提高。居安思危，也许冬天来临之前，我们已做好了棉袄。

华为成长在全球信息产业发展最快的时期，特别是中国从落后网改造成为世界级先进网，迅速发展的大潮流中，华为像一片树叶，有幸掉到了这艘潮流的大船上，是躺在大船上随波逐流到今天，本身并没有经历惊涛骇浪、洪水泛滥、大堤崩溃等危机的考验。因此，华为的成功应该是机遇大于其素质与本领。

什么叫成功？像日本那些企业那样，经历九死一生还能好好地活着，这才是真正的成功。华为没有成功，只是在成长。

——任正非2001年4月24日，《北国之春》

管理智慧

1999年之前，华为在国际市场上只见投标，不见中标。华为那几年为了打进国际市场缴的学费很是不菲。但任正非知道，只要不断地建设和改进，总会有出路的。就像香港大亨李嘉诚说的那样：“人生的过程中尽管不无遗憾，但我学到了最价值连城的一课——逆境和挑战，只要能激发起生命的力度，我们的成就是可以超乎自己所想象的。”

2006年上半年，华为完成合同销售额52亿美元，其中，国际市场占到了65%。华为比起前几年来，在国际市场上越来越成功，可以说是取得了质的飞跃。但面对越来越好的发展，任正非始终抱以不自满、不自傲、继续求进步的态度。2001年，他赴日本考察时，华为就已经经历了十年的高速发展，成为国内首屈一指的电信设备供应商，年销售额高达220亿元，可任正非认为这不算成功。

在《北国之春》中，任正非写道：“职业化、规范化、表格化、模板化的管理还十分欠缺。华为是一群从青纱帐里走出来的‘土八路’，还习惯于埋个地雷、端个炮楼的工作方法，还不习惯于职业化、表格化、模板化、规范化的管理。重复劳动、重叠管理还很多，这就是效率不高的根源。我看过香港秘书的工作，有条不紊地一会儿就把事做完了，而我们还在摸索，做完了还不知合格与否，还开个小会审查，你看看这就是高成本。要迅速实现IT管理，我们的干部素质，还必须极大地提高。

“推行IT的障碍，主要来自公司内部，来自高、中级干部因电子流管理导致权力丧失的失落。我们是否正确认识了公司的生死存亡必须来自管理体系的进步？这种进步就是快速、正确，端对端、点对点，去除了许多中间环节。面临大批高、中级干部随IT的推行而下岗，我们是否做好了准备？为了保住帽子与权杖，是否可以不推行电子商务？关键是，我们得说服我们的竞争对手也不要上，大家都手工劳动？我看是做不到的。沉舟侧畔千帆过，我们不前进必定死路一条。华为存在的问题不知要多少日日夜夜才数得清楚……”

任正非深知，在一个企业的发展过程中，总是会遇到危机的，一时的成就不能代表成功，作为企业，只能不断成长。在《北国之春》中，任正非提道：“华为的危机以及萎缩、破产是一定会到来的。现在是春天吧，但冬天已经不远了，我们在春天与夏天要念着冬天的问题。我们可否抽一些时间，研讨一下如何迎接危机。IT业的冬天对别的公司来说不一定是冬天，而对华为可能是冬天。华为的冬天可能来得更冷一些。（因为）我们还太嫩，我们公司经过十年的顺利发展没有经历过挫折，不经过挫折，就不知道如何走向正确道路。磨难是一笔财富，而我们没有经过磨难，这是我们最大的弱点。我们完全没有适应不发展的心理准备与技能准备。

“我们在讨论危机的过程中，最重要的是要结合自身来想一想。我们所有员工的职业化程度都是不够的，我们提拔干部时，首先不能讲技能，要先讲品德，品德是我讲的敬业精神、献身精神、责任心和使命感。危机并不遥远，死亡却是永恒的，这一天一定会到来，你一定要相信。”

企业的管理者不要轻易沉迷于眼前的成功之中，企业的发展任重而道远，一个合格的、优秀的管理者的眼中没有成功，只有成长。

延伸阅读：一个职业管理者的责任和使命

作为高层管理者，我们怎样治理公司，我认为这很重要。以前我也多次讲过，只是这篇文章（《无为而治》）给我们画龙点睛，更深刻地说明了这个问题。我希望大家来写认识，这也是对你们职业素养的一次考试，考不好怎么办呢？考不好你还可以学习，我们是托福式考试，以最好的一次为准。学不好怎么办呢？学不好你还可以调整，你辞去高级职务往下走。因此要深刻理解公司制定三、四、五级干部任职资格标准的深远意义，我们坚持这个干部考核标准可能在相当长的时间内不会改变，每年大家都要提交述职报告，要填任职资格表格。2月，我将主持把高级副总裁以上的组织评议做完，我认为要一次一次更新你们的思想，让你们理解公司对高级干部的要求。

我们要选一些填得好的任职资格表格、述职报告公开印刷，让下面人看看，让年轻人找到灯塔、找到目标，他也就掌握了标准，学会了做人。我和Hay（合益）公司顾问谈话时说过，两三年后，公司管理规范了，华为要引入一批“胸怀大志、一贫如洗”的人进入公司，来激活沉淀层，不能让我们这些人功成名就了就在这里过日子，这是不行的。我想强调一下什么是职业管理者的责任和使命。我们已经公布了高层干部任职资格评价标准（公司10号文件），《无为而治》和公司10号文件是相吻合的，和我过去讲的许多要点也是吻合的，所以我想借这篇文章来测验一下大家对事物的真实认识。

第一点，我想强调一下什么是职业管理者的责任与使命。

职业管理者的社会责任（狭义）与历史使命，就是为了完成组织目标而奋斗。以组织目标的完成为责任，缩短实现组织目标的时间，节约实现组织目标的资源，就是管理者的职业素养与成就。权力不是要别人服从您，而是要您告诉他如何干。围绕组织目标的有效实现，个人所处的位置、承担的使命，应如何理解？我在《华为的红旗能打多久》中讲过，在历次很多讲话中都讲过，但大家都听不进去，今天就要考一次，你听不进去也要写。职业管理者的职业就是实现组织目标，因此，实现组织目标不是他的个人成就欲所驱使的，而是他的社会责任（狭义）无时不在给他压力。这就是无为而治的动机。

为了实现组织目标，要有好的素养与行为，我希望大家重视对自己的定位认识，加强个人职业素养的提升。

第二点，我想谈一谈担任高层职务的职业管理者应有的心态和行为特征。

华为曾经是“英雄”创造历史的小公司，正逐渐演变为职业化管理的具有一定规模的公司。淡化英雄色彩，特别是淡化领导人、创业者的色彩，是实现职业化的必然之路。只有职业化、流程化才能提高大公司的运作效率，降低管理内耗。第二次创业的一大特点就是职业化管理，职业化管理就使英雄难以在高层生成。公司将在两三年后，初步实现IT管理，端对端的流程化管理，每个职业管理者都在一段流程上规范化地运作。就如一列火车从广州开到北京，有数百人扳了道岔，有数十个司机接力。不能说最后一个驾车到了北京的就是英雄。即使需要一个人去接受鲜花，他也仅是代表，并不是唯一的英雄。

我们需要组织创新，组织创新的最大特点在于不是个人英雄行为，而是要经过组织试验、评议、审查之后的规范化创新。任何希望自己在流程中贡献最大、青史留名的人，他一定就会形成黄河的壶口瀑布、长江的三峡，成为流程的阻力。这就是无为而治的重要性。

我上面说的仅是针对高级管理者的，我没有说基层不要英雄，炸碉堡还是需要英雄的。基层干部不能无为而治。不当英雄，你也无法通向中、高级管理者，谁会选拔你呢？对基层干部我们的原则是呕心沥血、身体力行、事必躬亲、坚决执行、严格管理、有效监控、诚信服从。与高级干部标准反过来，形成一个对立统一的悖论。

第三点，已经付了报酬，按劳获得了待遇，“英雄”不应作为额外索取的名义。

在职业化的公司中，按任职资格与绩效评价，付了报酬，已经偿还了管理者对职业化管理的贡献，个人不应再索要额外的“英雄”名义的报酬。为此，职业化管理者是该奉献时就奉献，而不是等待什么机会。

我们的价值评价体系也要学会平平静静。如果我们的价值评价体系只习惯热闹，那就会导致高层管理者的“行为英雄化”。

实现无为而治，不仅是管理者实现“从心所欲，不逾矩”的长期修炼，更重要的是我们的价值评价体系的正确导向，如果我们的价值评价体系的导向是不正确的，就会引发行为英雄化。行为英雄化不仅仅会破坏公司的流程，严重的还会导致公司最终分裂。在这个问题上我认为高级干部的价值评价体系导向比个人修炼更重要。个人修炼当然也重要，但小草再怎么浇水也长不成大树，如果价值评价体系不正确的话，那我们的导向体系就错了，公司就永远发展不起来。

我们将逐步引入西方公司职业化的待遇体系，如工资、奖金、期权、期股……都会让职业管理者默默无闻、踏踏实实地工作下去。我们实现了这些，高层更不应成为英雄。这就是无为而治的基础。

第二章

员工管理：更看重人的潜力，而非经验

华为公司内部的口号很实际、不空洞，因此常有人说是灰色的。但员工听了很亲切，能实现，慢慢地就做起来了。但把这些灰色的口号叠加在一起，就会发现它与国家的精神目标是完全一致的。比如，各尽所能，按劳分配。怎么使员工各尽所能呢？关键是要建立公平的价值评价和价值分配制度，使员工形成合理的预期，各尽所能后，能得到合理的回报。

——任正非

坚持以结果导向考核员工

管理语录

我们还是要坚持以结果导向考核员工，包括长期的、中期的和短期的结果。我们不要跑偏，不能凭考试涨工资，不能凭技能涨工资，而要看结果、看贡献。我觉得考试不能多，不要让员工把精力聚焦在考试上，而要聚焦在多做贡献上。如果聚焦于考试，那就会有一些人占便宜。有些人一次性把事做得很好，但考试考不好，会不会受打击？我想，如果把很多考试用来考主管，可能很多人不及格。考试成绩好，就能当干部吗？我不会选一个只是考试成绩好的人当干部。我们在干部评价体系上，强调贡献，用贡献来衡量绩效。

对员工的评价，看贡献，而不是看加班加点。有些干部以加班多少来评价人，以加班多少来评价劳动态度，我认为这样的评价有问题。有些人很快把活干完了，质量还很高，贡献也很大，但就是不加班。这说明他可能是个潜力很大的人，可以给他换个岗位，让他多做一些事，看是否可以提拔一下发挥更大的价值。我们不能形式主义，因为我们食堂每天晚上9点可以领消夜，因此有些员工开玩笑说“晚上老板请我吃饭”。有人就奇怪，老板怎么会请你吃饭。员工就说：“不管我是否真的加班，只要熬到晚上9点，就有7块钱的消夜拿，难道不是老板请客吗？”

因此，我们不要太多形式主义的东西，要减轻员工的负担，让员工有更多的时间聚焦工作，要减少会议、减轻考核。会议多，是因为主管自己不知道怎么办，心中无主意。我认为，主管要想清楚了再去做，谋定而后动。要做到心中有数，当你没数的时候可以与上级主管沟通。考核不要看亮点，找亮点的过程其实就是对程序的破坏。

——任正非在2010年PSST体系干部大会的发言

管理智慧

任正非非常重视绩效管理，绩效管理可以体现出一家企业对员工评定的公正性，但绩效管理是很难制定的，很多企业针对员工的考核虽然也下了很大一番功夫，但却往往难以令员工信服。员工的考核是很难量化的，一些企业对员工进行了考核，但往往会受到员工质疑，员工抱怨考核标准不公平，部门的负责人会抱怨标准难以贯彻落实，还有很多考核最终沦为形式主义。

华为在最初的管理阶段，对于员工考核这一块处理得也比较“混乱”，公司没有设置真正的绩效考核，当时的华为人力资源部门的工作人员只是关心公司空缺的岗位有没有及时填补、工资有没有及时发放这些比较“糙”的问题，至于关于员工的考核指标、绩效等方面的问题，他们都忽视掉了。

这样就造成了一些问题，一些员工觉得自己做得比其他人好，但在年底发放奖金时，自己领到的还不如其他人多，就会心有不满。任正非知道企业要想稳定发展，首先要让员工的心稳定下来，于是，他带领华为不断摸索，让员工的绩效考核单明晰起来。

2001年前后，华为的人力资源工作指标越来越细化了，对员工的工作任务描述也越来越详尽、清晰。在华为，每年年初，员工都需要制定绩效目标，然后根据自己制定的目标不断努力，在这个努力的过程中，主管也要对下属的目标根据实际情况进行调整和帮助。在年底考核的时候，将绩效结果和激励机制相挂钩。华为的原则就是，不管付出多大代价，花费多少时间，一定要把公司的管理理顺。

在《华为公司基本法》中，第六十五条华为员工考评体系的建立依据下述假设：

1. 华为绝大多数员工是愿意负责和愿意合作的，是高度自尊和有强烈成就欲望的。

2. 金无足赤，人无完人。优点突出的人往往缺点也很明显。

3. 工作态度和工作能力应当体现在工作绩效的改进上。

4. 失败铺就成功，但重犯同样的错误是不应该的。

5. 员工未能达到考评标准要求，也有管理者的责任。员工的成绩就是管理者的成绩。

第六十六条：建立客观公正的价值评价体系是华为人力资源管理的长期任务。

员工和干部的考评，是按明确的目标和要求，对每个员工和干部的工作绩效、工作态度与工作能力的一种例行性的考核与评价。工作绩效的考评侧重在绩效的改进上，宜细不宜粗；工作态度和工作能力的考评侧重在长期表现上，宜粗不宜细。考评结果要做好记录，考评要根据公司不同时期的成长要求有所侧重。

在各层上下级主管之间要建立定期述职制度。各级主管与下属之间都必须实现良好的沟通，以加强相互的理解和信任。沟通将列入对各级主管的考评。员工和干部的考评实行纵横交互的全方位考评方式。同时，被考评者有申诉的权利。

华为的绩效管理是从上而下进行的，绩效考核分为A、B、C三个档次，每个档次的绩效奖金差别是5000元左右，绩效考核按照员工的比例来固定分配，A档次的员工占5%，B档次的员工占45%，C档次的员工也占45%，剩下的5%的员工被看作最末一档，这一档的员工是将要被淘汰的那部分。

连续几个月都被评为C档或者末档的员工，就要面临降级或者淘汰，这些员工不但会被降低职位，奖金也会减少。这样的考核制度会让企业决策的透明度增加，员工可以通过绩效考核单中的详细款项清楚地看到自己在过去的一年中，有什么是做得好的，什么是做得不到位的、可以及时改进的。员工的优劣在绩效考核单中可以一目了然，这样，有的员工在拿到较少奖金后，也不会认为自己比别的同事吃亏，他可以根据绩效考核单来分析出自己为什么奖金拿得少，下一次就会更加努力。

目前，华为采用的是季度考核、年度总评的绩效考核方式。日报、周报、月报、季度报和与之相应的阶段性考核，保证了主业的不断增长和员工阶段性的成长欲望得到满足。任正非相信，如果华为有一天停止了快速增长，就会面临死亡。只要主业还充满活力，我们的团队就有强劲的凝聚力，员工就会拼命而乐此不疲。

任正非认为："内部人才市场、战略预备队的建设，是公司转换能力的一个重要方式，是以真战实备的方式来建立后备队伍的。"

华为公司通过绩效考核的管理强调了以责任为结果的价值导向，建立了一种自我管理、自我约束的机制，通过管理者和员工之间不断地设立目标和反馈问题，实现绩效改进和员工能力的提升。

实践后归纳总结，才会有飞跃的提高

管理语录

实践是您水平提高的基础，它充分地检验了您的不足，只有暴露出来，您才会有进步。实践再实践，对青年学生十分重要。只有实践后善于用理论去归纳总结，才会有飞跃的提高。要摆正自己的位置，不怕做小角色，才有可能做大角色。有一句名言："没有记录的公司，迟早是要垮掉的！"多么尖锐，不善于总结的公司会有什么前途，个人不也是如此吗？

我们崇尚雷锋、焦裕禄精神，并在公司的价值评价及价值分配体系中体现：绝不让雷锋、焦裕禄们吃亏，奉献者定当得到合理的回报，我们呼唤英雄。不让雷锋吃亏，本身就是创造让各路英雄脱颖而出的条件。雷锋精神与英雄行为的核心本质就是奉献。雷锋和英雄都不是超群的人，也没有固定的标准，其标准是随时代变化的。在华为，一丝不苟地做好本职工作就是奉献，就是英雄行为，就是雷锋精神。

实践改造了，也造就了一代华为人。"您想做专家吗？一律从基层做起"，这句话已经在公司深入人心。进入公司一周以后，博士、硕士、学士以及在原工作单位取得的地位均消失，一切凭实际能力与责任心定位，对您个人的评价以及应得到的回报主要取决于您实干中体现出来的贡献度。在华为，您给公司添上一块砖，公司给您提供走向成功的阶梯。希望您接受命运的挑战，不屈不挠地前进，您也许会碰得头破血流，但不经磨难，何以成才！在华为改变自己命运的方法只有两个：一、努力奋斗；二、做出良好的贡献。

——任正非《致新员工书》

管理智慧

在电影《天下无贼》中，葛优曾说过一句话："21世纪什么最重要？人才！"的确，随着全球化竞争越来越激烈，人才的重要性也越来越凸显出来。GE前任董事长兼首席执行官杰克·韦尔奇曾说过："人才是经营公司的一等任务。在用人方面，怎样对待人才，是管理者领导能力和驾驭能力的高度体现。"任正非也非常爱惜人才，求贤若渴，但他对员工的要求也是很严格的，他以贡献来评价员工，而不是以员工的知识、背景、学历等来定性员工。

在任正非看来，加入华为的员工要踏踏实实做好自己分内的事情，不要一进入公司就想着做大事，成为高管，什么工作都想插手，什么事情都觉得自己可以做得好，这样的员工，华为是不会留下的。好员工不会希望速成，不会什么都想做，而是会将精力放在某一个领域内，认真钻研。

"希望丢掉速成的幻想，学习日本人踏踏实实、德国人一丝不苟的敬业精神。真正生活中能精通某一项技术是十分难的。您想提高效益、待遇，只有把精力集中在一个有限的工作面上，不然很难熟能生巧。您什么都想会、什么都想做，就意味着什么都不精通，任何一件事对您都是做初工。努力钻进去，兴趣自然在。我们要造就一批业精于勤、行成于思，有真正动手能力、管理能力的干部。机遇垂青于踏踏实实的工作者。”任正非认为员工应当是一个“开放系统”，要善于在实践中总结自己，善于吸取别人的经验教训，善于总结自己的不足之处，善于和别人沟通合作，这样才能不断在实践中进步。

任正非定了一项铁的纪律：反对空洞理想，做好本职工作，没有基层经验不提拔。之所以定下这条纪律，是因为任正非认为真正的人才是能够经得起实践检验的，而不仅仅是停留在理论上，所以，在对新员工讲话时，任正非一开始就表明了态度：“您有幸加入了华为公司，我们也有幸获得了与您合作的机会。我们将在相互尊重、相互理解和相互信任的基础上，与您一起度过在公司工作的岁月。进入华为并不意味着高待遇。对新来的员工，因为没有考评记录，起点较低，晋升也许没有您期望中那么快，为此深感歉意。

“华为的企业文化是开放、包容、不断吸纳世界上优良文化和好的管理。如果把这个文化封闭起来，以狭隘的民族自尊心、狭隘的华为自豪感、狭隘的自我品牌意识为主导，排斥别的先进文化，那么华为是一定会失败的。因此，没有责任心、缺乏自我批判精神、不善于合作、不能群体奋斗的人，等于丧失了在华为进步的机会。那样您会空耗了宝贵的光阴，还不如在试用期中，重新决定您的选择。”

善于在实践中总结的人是富有智慧的，他们总能发现问题，这样的员工能为企业带来生机和发展。而一直向前冲，从不回头看的员工，即便能力再强，也会忽视自己的不足，在前进的路上不断犯错误。有一个故事：几个探险家要去丛林探险，便雇了几个当地的土著为他们带路。

一路上为了赶时间，他们一直是健步如飞。但到了第四天的时候，这几个土著便不肯再赶路，不论那几个探险家如何说服，他们就是不走。其中一名土著解释道，这是他们祖先流传下来的一个习俗，每赶路三天，就要歇上一天，这是为了让灵魂追赶上一直在路上奔波的身体。

在企业管理中也是这样，管理者不能为了业绩不停冲刺，时不时也要停下来回顾总结一番过去的经验教训；员工也要学习在实践后归纳总结，不要怕偶尔的停顿会让自己落下，这样才能飞跃得更高、跑得更远。

不让雷锋吃亏，增强员工归属感

管理语录

公司的竞争力成长与当期效益是矛盾的，员工与管理者之间是矛盾的……这些矛盾是动力，但也会形成破坏力，因此所有矛盾都要找到平衡点，驱动我们共同为之努力。管理者与员工之间矛盾的实质是什么呢？其实就是公司目标与个人目标的矛盾。公司考虑的是企业的长远利益，是不断提升企业的长期竞争力。员工主要考虑的是短期利益，因为他们不知道将来还会不会在华为工作。解决这个矛盾就是要在长远利益和眼前利益之间找到平衡点。我们实行了员工股份制。员工从当期效益中得到工资、奖金、退休金、医疗保障，从长远投资中得到股份分红，避免了员工的短视。

——任正非1998年6月22日，《华为的红旗到底能打多久》

管理智慧

每个企业在发展的过程中，都会不断有新鲜血液注入，也会出现人才流失的情况，那么如何把精心培养的员工和中、高层管理者留下来，让他们能够尽心尽力地一直为企业服务，也就成为每一个企业领导者思考的问题，而华为则通过自己的独特法宝，做到了这一点。

在华为内部，一直流行着任正非说的一句话，“不让雷锋吃亏”，这与马云所说的“不能让雷锋穿着补丁上街”有异曲同工之妙。多年来，华为一直秉承着“不让雷锋吃亏”这一理念，作为华为的员工，只要你为公司做出了贡献，那么公司就会对你进行回报，为你提供高于业界的薪酬以及良好的工作、生活、保险、医疗保健条件。

《华为公司基本法》的第六十九条是这样规定的：华为公司保证在经济景气时期和事业发展良好的阶段，员工的人均收入高于区域行业相应的最高水平。在业界，华为的高薪是众所周知的，据2007年的一次统计显示，华为最基层员工的年薪平均为16万元，普通经理层平均年薪为50万元，公司级高管则高达数千万元，这在当时要远远高于国内其他企业的年薪收入水平。

华为创办初期，只要是被公司通知参加面试的应聘者，不管是否被录用，都可以免费坐飞机往返，公司予以报销，而对于那些被录用的员工，到岗之后都会领取到一个月的工资作为安家费，以解决其资金短缺的问题。

这种高薪加亲人般的关怀，让每一位员工都能够尽心尽力地为华为工作。然而，华为吸引人才除了这些手段之外，最重要的是年终的股票分红。

作为在20世纪90年代初销售额就已经过亿的企业，华为的缔造者任正非完全可以独自掌控公司的股份，使自己成为令人羡慕的亿万富翁。与其他民营企业创始人动辄占股多达50%相比，任正非在华为只占有很少的股份，在2009年的一项调查中显示，截至2009年12月31日，华为控股的股东包括深圳市华为投资控股有限公司工会委员会（代表员工管理其持有的股份）和任正非，前者的持股比例为98.58%，任正非持股比例仅仅为1.42%。这充分表明，任正非并没有独享华为发展的成果，而是采取“利益均沾”的原则，让华为的所有员工都能够享受公司的资本增值，实现共同富裕。

早在1990年，任正非就提出了内部融资、员工持股这一概念。每年年终，华为都会授予在华为工作超过一年的骨干员工一定数量的认股权，员工可以通过工资、奖金来以1元/股的价格认购这种内部股，如果员工没有钱还想认购股票，公司还会为员工提供贷款，认购这种内部股的员工每年按经营业绩进行分红，在1992—1996年，每年的分红比例都高达100%。

2001年年底，华为实行员工持股改革，这种“一元一股”的内部股票不再向新员工发放，而老员工的股票也会转变为期股，也就是所谓的“虚拟受限股”。从那以后，每年华为都会根据员工对公司所做出的贡献来决定其能够获得的股份，取得认购资格的员工按照公司当年净资产价格购买“虚拟受限股”，员工获得的回报是每年都可以获得一定比例的分红以及“虚拟受限股”对应的公司净资产增值部分。

到2011年，这种“虚拟受限股”在华为内部已经派发了98.61亿股，超过6.55万名员工持有股票，由于员工享受的是公司净资产增加而带来的股份增值以及年终分红，所以员工想要获得丰厚的回报，唯一的办法就是多给公司创造价值。这种“虚拟受限股”就像金手铐一样，把员工和华为紧紧地锁在一起，也成为华为保持高速增长的内在动力。

同时，正是这种“利益分享，以奋斗者为中心的文化”，让华为吸引、团结了大批人才，在华为，员工的流动性并不小，但很少是被挖走的，大多数是主动出去创业的。

同任正非一样，马云也一直秉承“只有分享，才能共赢”这一用人理念。作为成功的企业家，马云一直认为，在成熟的企业里，员工们不仅需要精神上的鼓励，更需要物质上的支持。马云曾说：“一个人捡了一大块黄金，你把它藏在家里，所有人都惦记你那块黄金，这是不安全的。如果你把这块黄金打碎了送给大家，每个人一块，你自己可以稍微留得大一点，你就没问题，大家都愿意来帮你。企业家就应该有这样的格局才能做大。”正是基于此，马云始终相信“财散人聚，财聚人散”这一理论。

早在创业时，马云就将阿里巴巴的股份拿出来分散给创业团队的每个成员，后来随着公司逐渐做大做强，获得阿里巴巴股份的人越来越多。在阿里巴巴，创始人有股权，老员工有股权，空降的高管有股权……2007年，阿里巴巴在香港举行的全球路演上公布了招股说明书初稿，显示目前阿里巴巴持股的4900名员工包括董事在内，共持有4.435亿股股份，平均每名员工持股9.05万股，以阿里巴巴目前的认购情况，市值可突破百亿美元，因此将产生近千个百万富翁。而与此对应的是，马云个人持股比例还不到5%，这出乎了很多人的预料，也让人更加敬佩马云。

毫无疑问，不靠控股来管理公司，让员工们“利益均沾”，持有股份，才能使员工感到自己真正成了企业的主人，从而对企业产生归属感，因为从被动的“为人打工”转变为“为自己打工”，员工也会更加热情地工作，从而使企业获得源源不断的生命力。

集体奋斗的土壤，能让个性的种子长得更好

管理语录

华为公司十分重视对员工的培训工作，每年为此的付出是巨大的。原因一是中国还未建立起发育良好的外部劳动力市场，不能完全依赖市场解决。二是中国还未实现素质教育，毕业生上手的能力还很弱，需要培训。三是信息技术更替周期太快，老员工要不断充电。公司有多少种员工培训中心，我也不清楚。总之员工之间的相互培训，已逐渐形成制度。

我讲一个例子，我们每年招聘大约3000人，专门有个新员工培训大队，还分了若干中队，不少高级干部包括副总裁担任小队长。新员工关起门来学半个月的企业文化，从思想上建立统一的认识。他们写的一些个人感受的文章被编成了一本书，叫《第一次握手》，由中国青年出版社出版。我们以同样的标准来要求所有学生，从一开始就培育团结合作、群体奋斗的精神，从而推动实现集体奋斗的宗旨。将来在工作中，会更多地放松一些对个性的管理，有了这种集体奋斗的土壤，个性的种子才能长成好庄稼。

我们尊重有功劳的员工，给他们更多培训的机会，但岗位的设置一定要依据能力与责任心来选拔。进入公司以后，学历、资历自动消失，

一切根据实际能力、承担的责任来考核、识别干部。

我们建立了一种思想导师的培养制度，这是在中研部党支部设立的以党员为主的思想导师制度，对新员工进行指导开始的。公司正在立法，以后没有担任过思想导师的员工，不得提拔为行政干部，不能继续担任导师的，不能再晋升。要把培养接班人的好制度固化下来。

——任正非1998年6月22日，《华为的红旗到底能打多久》

管理智慧

对员工进行培训，是企业发展的必备需求，也是企业必需的投资方式，一个企业想要使全体员工接纳企业的文化理念，并且不断地发展进步，就必须对全体员工进行持续不断的培训。或许，全员培训不能保证企业长盛不衰，但如果不对员工进行培训，企业最终会因企业理念得不到员工的理解而走下坡路。

华为历来重视员工的培训，在华为，无论是新员工还是老员工，都会持续不断地接受培训。任正非曾说：“在华为，人力资本的增长要大于财务资本的增长。追求人才更甚于追求资本，有了人才就能创造价值，就能带动资本的迅速增长。”

一些企业在招聘时喜欢招有经验的人，而华为则更加青睐应届毕业生，希望给这些年轻人一些机会。但是，任正非也认为，刚刚走出大学的毕业生，会面临在学校所学的理论知识和在公司所用的实践知识不一致的矛盾，解决这一矛盾的方法，首先是进行培训。因此，从“一张白纸”开始，华为在这些应届毕业生身上投入了大量人力和物力。

在正式加入华为前，每个人都需要参加为期20天左右的企业文化培训。在培训期间，他们会获得一个编号，这代表他们是第几个进入华为的员工，例如获得编号“1101”，就表示他是第1101个进入华为的。在培训时，公司会从生产、市场和管理一线抽派资深员工与新员工进行近距离交流，从而保证了培训永远不与现实脱节。

同时，参加培训的员工会拥有一个培训档案，所有培训内容、考试结果、教官评语和培训状态都将记录在档案中。正式入职后，这名员工的主管首先看到的就是他的入职培训成绩，而员工此后的加薪、晋升也都是依据其在培训中的表现决定的。

培训结束后，每个人要进行严格的任职资格考试，考试的结果决定参与培训的员工是否可以被录用。考试合格的员工会有三个月的试用期，在这期间，部门都会安排一位资深员工作为其导师，在工作、生活等多个方面对其进行帮助和指导，帮助他们解决在工作和生活中面临的难题，导师要对新员工的绩效负责，而新员工的绩效也直接影响导师的工作绩效。

通过一系列培训，新员工能够快速了解华为的价值观、经营理念以及企业文化，使他们能够更容易且快速地融入华为的企业氛围之中，同时也能提高他们的专业技能，提高他们的竞争力。

据不完全统计，华为每年在员工培训上的支出高达上亿元。2005年，为了能够把华为打造成学习型组织，华为更是花费巨资成立了华为大学，为所有华为员工及客户提供众多培训课程，从而为每个员工和客户的事业发展提供有力的帮助。在华为内部，还配有一支由来自各所名牌大学的教授以及一些研发中心退休的老专家所组成的教授专家团队，他们利用自己丰富的工作经验，为所有员工提供顾问支持，解决员工遇到的难题。通过一系列的培训，华为的员工提高了自身能力，而华为也获得了真正的人才，推动了企业的发展，企业和员工达到了双赢。

早在20世纪80年代，摩托罗拉公司就曾做过一项关于培训收益的调查。最终的结果显示，企业每投入1元的培训费用，在三年内可实现40元的生产效益，这充分说明企业培训员工的重要性。而在当今中国的企业中，许多成熟的企业也都像华为一样，十分重视员工培训在企业发展中的重要地位。

例如，在阿里巴巴，每一位新入职的员工都要参加为期两周的企业文化方面的培训，无论你是普通员工还是高管，都不能缺席。通过培训，能够帮助新员工迅速了解阿里巴巴的历史、现状、价值观等，培训期间学员们一起上课、拓展、游戏，从而增强他们的团队合作意识。在培训期间，只要马云身在杭州，他就一定会亲自给新人们上课。

除此之外，阿里巴巴还针对不同岗位、职位的员工设有“百年诚信”“百年大计”“阿里夜校”“阿里课堂”等培训项目，提升不同员工的业务能力。在这种“荷枪实弹”的培训下，阿里巴巴的员工快速地成长起来，阿里巴巴自然也日益强大。

海尔集团同样重视员工培训。海尔建立了一套完整的人才培训机制，最大限度地激发每名员工的潜力，将海尔的文化理念灌输到每一名员工的头脑中。为了能够培养出合格的管理人才，海尔集团还专门筹资建立了用于内部员工培训的基地——海尔大学，同时组建了可随时调用的师资队伍，与国内外著名的大学、咨询机构以及知名企业的近百名专家、教授建立了外部培训网络，从而使企业保持了高速稳定的发展。

在当今这个高速发展的社会中，一个企业能否取得成功，取决于企业员工的知识、能力，更取决于他们的创造性和主动精神以及对企业文化的理解与实施，而培训的意义就在于此。

胜则举杯相庆，败则拼死相救

管理语录

“胜则举杯相庆，败则拼死相救”的市场工作原则，几年来感召了多少英雄儿女一批一批地上前线。商场如战场，却比战场更加残酷与艰苦，苦难的历程又抚育成长了多少市场营销干部。没有他们一滴汗、一滴泪的奋斗，就不会有今天月销售额突破12万线的好成绩。我代表公司向市场部全体成员表示衷心的祝贺。在全国多个市场上，各省管局都较大幅度地接纳了C&C08，预计6月的市场份额将上升10%。这些与科研人员日夜的辛劳、计划生产系统优良的管理、公司各部门的努力服务是分不开的。我代表市场部向他们表示深深的感谢。

公司6月将在广东省开通多个母局带模块局的试验，争取作为国产机第一家较大规模地进入广东市场，使回收货款的状况有所改善。随着县本地网体制的确立和推广，C&C08以光交换为中心形成的强大处理能力的母局，用三次群光纤在50公里范围内，连接分布16～32个2000门模块远端模块群，由远端模块群再在7～8公里范围内用线路倍增技术连接分布4～8个64～512门远端模块组的全分散的交换机，会在集中维护、集中管理的号角声中得到较大规模的使用，特别是C&C08的功耗仅为1240的1/5，使无人值守变为现实。加之公司7号信令已通过了国家测试，并到8月参加邮电部在广州与各国机器对接的检验，并由邮电部安排在实际网上试验。明年全网将开7号信令，我们的这些优势都会使明年的市场逐渐转好。加上公司推出的全数字ISDN排队机、智能平台、200号平台、双向CT2、7号信令的监视仪……都会相互推动市场，促进销售。

——任正非1994年6月5日，《胜利祝酒词》

管理智慧

个人的能力对企业能起到贡献，但团队的力量更大，“胜则举杯相庆，败则拼死相救”讲的就是团队精神、集体主义精神。个人的力量是有限的，但由个人组成的团队所凝聚起的力量是无限的。马云说：“什么是团队呢？团队就是不要让另外一个人失败，不要让团队中任何一个人失败。”

任正非说不要轻易放弃任何一名员工，虽然华为的管理很严格，实行的是末位淘汰制度，但这并不表示华为对员工是不在乎的；相反，华为从不轻易放弃任何一名员工，任正非对每一名员工都是爱护的。

华为每年都会给每位员工发放退休金，建立员工的个人账户，员工如果想离开公司，这笔钱便可以带走，华为是不会阻拦的，这样，员工便不会因为对公司有依赖心理，自己的钱会被公司扣下而不敢辞职。稳定了心情之后，员工的工作斗志便会昂扬，激情也越发高涨，工作便能做得更好。

在绩效考核中被淘汰掉的员工，也不是没有机会再进入华为了，可以转入再培训，由培训大队对员工进行再一次的考核和甄别，看一看这个员工是真的能力不行，还是因为领导对其排斥、打击。所以，在华为，领导不能随便挤走任何一个员工，任正非认为员工为公司尽心竭力，不能让他们随便离开公司。

“几年的时光一晃就过去了，华为从小公司逐渐变为有实力的公司，更有机会向市场提供良好的服务，售后服务的成本也在降低。当前市场外患内乱、不正当的竞争几乎把国内厂家逼到临近破产的状况，我们一定要坚持提升技术的先进性，不惜提高产品质量的可靠性，建立及时良好的售后服务体系。在当前产品良莠不齐的情况下，我们承受了较大的价格压力，但我们真诚为用户服务的心一定会感动上帝、一定会让上帝理解物有所值，逐步地缓解我们的困难。我们一定能生存下去，为中华民族的通信产业发光发热。历史给了我们巨大的压力、危机，也给了我们难得的机遇。处在民族通信工业生死存亡的关头，我们要竭尽全力，在公平竞争中生存发展，绝不退步、低头。”在公司危难的时刻，员工和公司一起挺过去，所以，在员工有了难处时，公司也要伸手相助。

认真负责和管理有效的员工是华为最大的财富，任正非认为机会、人才、技术和产品是公司成长的四大牵引力，这四种力量之间相互作用，员工在企业成长中处于重要的位置。做企业就是要尽量考虑员工的利益，尤其要注重员工人性化方面的需要。

任正非深知员工能力的提升对企业发展的重要性和对团队稳定的重要性，所以对华为的团队建设非常重视。任正非有一个著名的论断：当今世界的科技进步已经走过了爱迪生时代，不可能依靠一个人的聪明才智改变整个世界。所以除了在公司实行全员持股制度外，公司始终致力于营造集体奋斗的企业文化。

在《逼自己改进，学“乌龟精神”》中，任正非提到了好员工的重要性：

“吸引优秀人才，团结一切可以团结的力量，这是我们走向成功的保证。美国为什么强，为什么成功啊？美国有什么人啊，美国的原住民就是印第安人，但它利用它的机制把全世界的人才拉到那里去，都在美国生蛋。然后我们反复去说服，你们不要歧视我们中国，我们中国要买你们的高科技啊。好不容易就买了两个蛋回来，一打开才发现是中国蛋。为什么不把中国鸡留在中国生蛋？为什么中国的鸡跑到国外去了？资本为什么要外流？人才为什么要外流？要反思我们有什么不足。

“我们怎么留住人才、怎么能吸引人才？华为公司改变结构以来，越来越多人加盟，才有现在的逐渐强大。那我们未来还会更强大呀，明年的经营状况还会更好，后年会更好，越来越好，越来越多的优秀人才加盟，我们不就是一个‘小美国’机制吗？我们要超越美国就要向美国学习。

“你看 Google 赚了很多钱，但在中国只招 50 个人，它的年薪是很高的，我们和他们是有区别的。华为以前实际上是三流人才的公司，一流人才、二流人才跑光了，但是我们为什么能胜利，就是因为我们团结，团结起来就是巨大的力量，全世界没有一个公司像我们一样，15 万人还这么团结。所以说我们无敌于天下，除了胜利，我们还有什么出路可以走？企业业务也会慢慢变强的，我今天看了你们的东西，就比前几年强大多了。”

集体进步，分享成果，当出现困难时也集体渡过难关，荣辱与共。没有责任心、不肯担责任的员工在华为是无法长期待下去的，华为在任正非的带领下，基本实现了组织目标中有高度自主权的团队管理模式。

就像任正非说的那样：“内部人才市场，是寻找‘加西亚’与奋斗者的地方，而不是落后者的摇篮。内部人才市场促进的流动，不仅让员工寻找自己最适合发挥能量的岗位，也是促进各部门主管改进管理的措施，流动就焕发出生命力。

“公司要逐步通过重装旅、重大项目部、项目管理资源池这些战略预备队，来促进在项目运行中进行组织、人才、技术、管理方法及经验等的循环流动。从项目的实现中寻找更多的优秀干部、专家，来带领公司的循环进步。

“要让人人明白希望在自己手里，努力终会有结果，是金子终会发光的。不埋怨，不怀念，努力前行。那些‘胜则举杯相庆，败则拼死相救’的人，虽然记功碑上不会写他的成绩，因为写得出成绩的是将军。但写不出成绩的可能是未来的统帅。”

务虚是开放的务虚

管理语录

公司实行“小改进，大奖励；大建议，只鼓励”的制度。能提大建议的人已不是一般的员工了，也不用奖励，一般员工提大建议，我们不提倡，因为每个员工要做好本职工作。大的经营决策要有阶段的稳定性，不能每个阶段大家都不停地提意见。我们鼓励员工做小改进，将每个缺憾都弥补起来，公司也就有了进步。所以我们提出小改进、大奖励的制度，就是提倡大家做实。不断做实会不会使公司产生沉淀呢？我们有务虚和务实两套领导班子，只有少数高层才是务虚的班子，基层都是务实的，不能务虚。务虚的人干四件事：一是目标，二是措施，三是评议和挑选干部，四是监督控制。务实的人首先要贯彻执行目标，调动利

用资源，考核评定干部，将人力资源变成物质财富。务虚是开放的务虚，大家都可畅所欲言，然后进行归纳，所以务虚贯彻的是委员会民主决策制度，务实是贯彻部门首长办公会议的权威管理制度。

——任正非1998年6月22日，《华为的红旗到底能打多久》

管理智慧

在华为曾经发生过这样一件事情，有一名新入职的员工，上班没多久，就发现了华为存在许多“问题”，认为华为在许多地方都需要整改，于是兴奋地给任正非写了一封长信。他的信洋洋洒洒地写了一万多字，里边全部是关于公司经营战略方面存在的问题以及他的建议。看了信之后，任正非立即给予了回复：“此人如果有精神病，建议送医院治疗；如果没病，建议辞退。”

对于那些刚加入公司，对公司并没有任何了解就提出许多大建议的新员工，任正非是非常厌恶的，因为作为新员工，当务之急就是了解公司的文化、做好本职工作、踏踏实实地把公司交给你的任务完成，而不是整天把主要精力放在构思“宏伟蓝图”上，老想着在公司里做出一些惊天动地的变革，这种空想就好像没有打好地基就建设高楼大厦，最终会轰然倒塌。1998年，在《不做昙花一现的英雄》中，任正非这样写道：“我经常看到一些新员工给公司写的大规划，我把它扔到垃圾桶里了，而那些在自己的管理岗位上本身进步了，改进了自己的工作，这时候向我提的建议和批评我倒是很愿意听的。把生命注入管理中去，不是要你去研究如何赶上IBM，而是研究你那个管理环节如何是全世界最优秀的，要赶上IBM不是你的事情，你也不具备这样的资历和资格，所以要面对现实，踏踏实实地进行管理的改进，这样公司才会有希望。”

在华为内部，一直强调“小改进，大奖励；大建议，只鼓励”这一原则，目的就是避免员工只说空话、不干实事。华为不提倡普通员工对公司的重大事项发表意见，而是提倡员工能够在一些小事上做出实际的改进，这样远比超过自己的职权而大谈理论有用得多。

20世纪90年代末期，杨玉岗作为新加入华为的员工，在电磁元件岗位上工作。没过多久，他就发现了一个问题，华为的100A电源产品主变压器存在很多问题，不仅体积大、重量重，成本也非常高，而且电源的磁芯经常会出现故障，导致电源产品运行不稳定，因此华为失去了很多大订单，损失非常大。

发现这一问题后，杨玉岗立刻向领导提出了建议，而研发部领导也正为这一问题感到头疼，因此就将解决该电磁元件故障的重担压在了杨玉岗身上。于是，杨玉岗带领部门同事一起对该电磁元件进行了技术改造、优化设计。经过两个多月的日夜奋战和多次试验，最终确定了优化方案，改良后的变压器不仅体积变小、重量变轻，而且成本也降低了，华为每年因此节约成本数百万元，而且经过改良，还使该电磁元件的市场故障率降为零。此后两年，华为所有电源系统都采用了这种电磁元件，再未出现过任何故障。

事后，任正非对这项技术改革给予了表扬，并且对主要参与者进行了物质奖励。

任正非在一次讲话中曾说：“对于我们这样一个公司，如果谁要来跟我谈谈华为公司的战略，我没有兴趣。为什么？因为华为公司今天的问题不是战略问题，而是怎样才能生存下去的问题。我们在座的都很年轻，都是向日葵。但是，年轻的最大问题就是没有经验。公司发展很快，你既没有理论基础，又没有实践经验，华为公司怎么能搞得好？如果我们再鼓励‘大家来提大建议呀，提战略决策呀’，那我看，华为公司肯定就是墙头上的芦苇，风一吹就倒，没有希望。那么，怎么办呢？就是要坚持‘小改进，大奖励’，为什么？它会提高你的本领、提高你的能力、提高你的管理技巧，你一辈子都会受益。”

一个企业就如同一台精密的仪器。只有部门分工更细，协作更紧密，才能够维持这台仪器的正常运转，因此就需要各部门、各岗位各司其职，踏踏实实而不要好高骛远。其实在许多成熟的企业中，都有和华为类似的管理制度，这些企业大多鼓励员工在做好本职工作的同时，可以根据自身所处的职位对企业提出合理的建议和创新，但并不提倡普通员工超出自己的职权对公司的运营方向指指点点，企业高层定大方向，普通员工提小建议，只有这样，才能使企业上下凝聚起来，不至于变成一盘散沙，带来不必要的内耗。

如今，“务实”的理念已经渗透到华为的方方面面，每个华为员工都能够从实际出发，踏踏实实地推动着华为走向更辉煌的成功。

进了华为就是进了坟墓

管理语录

公司管理是一个矩阵系统，运作起来就是一个求助网。希望你们成为这个大系统中一个开放的子系统，积极、有效地既求助于他人，同时又给予他人支援，这样您就能充分地利用公司资源，您就能借助别人提供的基础，吸取别人的经验，很快进入角色，很快进步。我们崇尚雷锋、焦裕禄精神，并在公司的价值评价及价值分配体系中体现：绝不让雷锋、焦裕禄们吃亏，奉献者定当得到合理的回报。

您有时会感到公司没有您想象的公平。真正绝对的公平是没有的，您不能对这方面期望太高。但在努力者面前，机会总是均等的，只要您不懈努力，您的主管会了解您的。要承受得起做好事反受委屈，“烧不死的鸟就是凤凰”，这是华为人对待委屈挫折的态度和挑选干部的准则。没有一定的承受能力，今后如何能挑大梁。生活的评价是会有误差的，但绝不至于黑白颠倒。要深信，在华为，是太阳总会升起，哪怕暂时还在地平线下。您有可能不理解公司而暂时离开，我们欢迎您回来。您更要增强心理的承受能力，连续工龄没有了、与同期伙伴的位置差距拉大了。我们相信您会快步赶上。世上有许多“欲速则不达”的案例，希望您丢掉速成的幻想，学习日本人踏踏实实、德国人一丝不苟的敬业精神。公司永远不会提拔没有基层经验的人做高层管理者。

公司管理决策的原则是从贤不从众，管理的原则是集体负责制。这种建立在统一经营管理理念基础上的民主决策和权威管理的经营管理体制，有利于防止一长制的片面性，在重大问题上，发挥了集体智慧。这是公司成立十年来没有摔大跟头的因素之一。这种民主、集体的管理，还需长期探索，希望您成为其中一员。

——任正非《致新员工书》

管理智慧

1994年4月3日，任正非参加了华为9905、9906班受训新员工座谈会。在座谈会上，任正非和新员工畅所欲言，他也回答了新员工的很多问题，其中一个新员工问他：“如何理解您所说的‘进了华为就是进了坟墓’？”

任正非告诉他：“有一篇文章叫《硅谷：生机盎然的坟场》，是讲美国高科技企业集中地硅谷的艰苦创业、创新者的故事的，它‘埋葬’了一代又一代的优秀儿女，才构建了硅谷今天的繁荣。华为也是这样的企业，也是无数热血儿女，贡献了青春与热血，才造就了今天的华为。现在再来想一想，马克思说的‘在科学的入口处就是地狱的入口处’，会更深地理解其深刻的内涵。它说明要真真实实地做好一项工作，其艰难性是不可想象的。要突破艰难险阻才会有成就。任何做出努力、做出贡献的人，都是消耗其无限的生命才创造了有限的成功。华为要想追上西方公司，无论哪一方面的条件都不具备，而且有些条件可能根本不会得到，因此，只能多付出一些无限的生命。高层领导为此损害了健康，后来人又前仆后继、英勇无比。成功的背后是什么？就是牺牲。”

还有位新员工问：“华为公司的前景如何？”

任正非告诉他：“公司要长久生存下去，就要不断提升核心竞争力，就要不断面对问题并认真地解决问题，问题解决了，公司还能不前进吗？比如我们现在的产品，技术先进性没问题，但使用稳定性有问题，就必须认真解决。如果我们的营销人员都具有国际业务水平，并都具有高度的责任心，我们的生产人员个个都认真负责，我们的行政服务人员个个都兢兢业业，都把客户的价值观当作自己的价值观，我们即使有困难也是暂时的。扩大市场有两个方面：一是扩大老产品在市场上的份额，以及进入新的区域；二是培育新产品在老市场的成长。扩张市场是要付出生命的代价的，只有人人努力工作，奉献青春，公司才有希望。公司前景如何，客观环境是一个因素，但更重要的还是我们的主观努力，能不能不断批判自我、超越自我。”

任正非指出，华为想要赶上西方那些成熟的大公司，任重而道远，华为和那些公司比起来，很多地方存在不足，所以，想要将华为发展壮大，就只能勤劳奋斗，多付出一些无限的生命，高层领导很多都为了工作不顾身体、不分昼夜地努力着，员工们为了公司的发展也是前赴后继地奋斗，所以，对于华为来说，成功就意味着牺牲，员工们进入了华为就如同迈进了坟墓。

但这种牺牲精神是每个公司的员工必须有的奉献精神，任正非提到他去美国考察时，在贝尔实验室，很多科学家为了科研成功，不眠不休地泡在实验室里奋斗，这种精神非常令人敬佩。拥有这样精神的人才能够追逐到成功，任正非认为这种奋斗精神在华为非常需要。

比尔·盖茨在创业时期也是非常勤奋刻苦的，那个时候，他没有电视机，就由他父亲看新闻然后告诉他新闻上都放了什么内容。虽然很多人对此不理解，但正是比尔·盖茨这种奋斗不止的精神，微软才得以走上成功的。任正非提到，在美国，他看到了很多拼命奋斗的例子，尤其是那些成功者和高层管理者，正是因为他们不断拼命努力，才造就了今时今日的成就。

任正非教育华为员工：“如果以狭隘的金钱观来认识资本主义世界的一些奋斗者，就理解不了比尔·盖茨每天工作十四五个小时的行为。只有不带成见地去认识竞争对手，认真向他们学习好的东西，才有希望追赶上他们。我们国家不乏如‘两弹元勋’邓稼先那样优秀的艰苦奋斗者，只要我们一代代的优秀青年继承他们的传统、发扬他们的精神，承先启后，继往开来，中国是有希望的。”

延伸阅读：谈学习

《华为公司基本法》不是为了包装自己而产生的华而不实的东西，而是为了规范和发展内部动力机制，促进核动力、电动力、油动力、煤动力、沼气动力等一起上，沿着共同的目标，使华为可持续发展的一种认同的记录。因此，各部门不必向外宣传《华为公司基本法》，革命是不能输出的。只有人家需要了解，我们才可以交流。我们一切都是围着目标转的，没有目标，交流是没有实际意义的，这就是搬石头与修教堂的关系。您愿意用业余时间和热情去研究、宣传，也不能掩盖您工作上的失效。您做不好本职工作，实质上就是没有学好。因为您不是政治家、社会活动家、历史学家。这就是既要努力学习，又要做实。不去做实，就没有必要学习。我们的目的是实现公司的发展。

“知本论”，我们把“论”留给社会学家，他们有时间去研究。把“知本”留给我们，好好研究相互之间的关系，以指导我们解决现实问题。《华为公司基本法》不是万能良药，当它去解决问题的时候，碰到的是矛盾的两个方面，对立又统一，这是痛苦的。例如分配，在原则上您拥护，当您是部门一把手时，您非常痛苦，您怎么去拉开差距。每个部门是否有勇气把后进员工以及工作能力不适合在本部门工作的员工交给人力资源部重新分配。这个一把手不会对《华为公司基本法》有赞美之词，而是感到太合理、太深刻，以致他难以“做人”，他真正学明白了。学明白了的人就不会有一大堆赞美，因此，每个人好好想一想，您明白了哪一点，就写哪一点，不要堆砌赞美的辞藻，以浪费我们删去您空洞赞美的时间。对立的统一使人痛苦，只有没有深入其境的人才感到兴奋。我们的学习要深入实际，各级干部都要学习收集案例。不要在对自己部下的培训中，总讲历史。深入不进去的管理干部，要下放，不能在华为形成空中楼阁的管理。

我们要求高、中级干部及想要进步的员工，要在业余时间学习，相互切磋，展开有关讨论及报告会。不要求员工都形式主义地跟着念报。员工也有不学习的权利，公司也有选拔干部不使用的权利。这种权权交换，使得每一个要求进步的员工都会自觉地学习。高、中级干部退步的，我们也要调整下去。对《华为公司基本法》中的企业文化，是否熟读《唐诗三百首》就行了。我们考核你是否学好，是看本职工作是否做好，是否有做好本职工作的潜力。因此，没有做好本职工作的员工，就肯定没有学好。不管你在心得上有多少赞美词，它都让秘书删去了，我们看不到。我们不仅看到你与我们同样的认识，而且要看到你与我们同样尽心地去实践。

无论从事技术、还是管理、业务等，我们都是一个目的。因此，华为文化是我们认同的基础。一个不认同华为文化的员工，是很难在华为工作的，既然有心在华为工作，一定要努力认真学习。杨琳就是一个榜样。

同样，每个员工都要用绝大部分精力学好自己的专业，学好技术，学好业务。业精于勤，这是你服务与进步的重要工具。学习企业文化就是使你的重要工具发挥最大的作用。华为不存在空头理论家。文化要落实在奉献上，没有本领就无法奉献。

第三章

干部管理：任人唯亲与任人唯贤相结合

公司在1997年管理力度最大的是对人的管理，它的重担落在了全体干部的身上。人力资源委员会要充分调动各级行政部门的力量，深化考核评价体系。我们要用两三年时间理顺公司的内部关系，建立起科学合理、充满力量的内部动力机制。要培养造就一大批高、中级干部，形成华为的核心力量。

——任正非

注重个人成就感的人不能当领袖

管理语录

公司也很重视优秀员工的晋升和提拔，我们提拔干部有两种原则：一是社会责任（狭义）；二是个人成就感。社会责任不是指以天下为己任，不是指“先天下之忧而忧，后天下之乐而乐”，我们说的社会责任是在企业内部，优秀员工对组织目标的强烈责任心和使命感，大于个人成就感。是以目标是不是完成来衡量工作，以完成目标为中心，为完成目标提供了大量服务，这种服务就是狭义的社会责任。

有些干部看起来自己好像没有什么成就，但他负责的目标实现得很好，他实质上就起到了领袖的作用。范仲淹说的那种广义的社会责任体现的是政治家才能，我们这种狭义的社会责任体现的是企业管理者才能。还有些个人成就欲特别强的人，我们也不打击他，而是肯定他、支持他、信任他，把他培养成英雄模范。但不能让他当领袖，除非他能慢慢改变过来，否则永远只能从事具体工作。这些人没有经过社会责任感的改造，进入高层，容易导致不团结，甚至分裂。但基层没有英雄，就没有活力，就没有希望。所以我们把社会责任（狭义）和个人成就都作为选拔人才的基础。

企业不能提拔被动型人才，允许你犯错误，不允许你被动。使命感、责任感，不一定是个人成就感。管理者应该明白，是帮助部下去做英雄，为他们做好英雄，实现公司的目标提供良好服务。人家去做英雄，自己做什么呢？自己就做领袖。领袖就是服务。一定要推行能上能下的干部制度，使组织建设顺应市场形势的发展变化，增强企业的竞争力。

——任正非1998年6月22日，《华为的红旗到底能打多久》

管理智慧

领导者的责任就是要让自己的部下成为英雄，而自己成为领袖。任正非十分欣赏克劳塞维茨在《战争论》中的一句话："要在茫茫的黑暗中，发出生命的微光，带领着队伍走向胜利。"任正非认为将领在战争中的作用是不可忽视的，将领要有精神上的光芒，在队伍陷入困境或者打了败仗艰难无助的时候，将领就要靠自己的精神光芒，带领队伍走出茫茫的黑暗。

作为团队的领导，就需要这样的光芒。领导者在管理的时候，要让员工心甘情愿地工作，而不是被动地工作。作为团队的领导，要保持长期的自我激励，让自己的行为去影响员工的状态，为员工明确前进的方向，凝聚团队的力量。但任正非认为领导者不应当以英雄自居，要摒弃这种个人英雄的想法，淡化个人成就感，淡化领导干部的色彩。

任正非表示："当然，英雄也可转化成领袖，领袖就是我们的项目经理、科长、处长、办事处主任等。领袖不重视个人成就感，只注重组织目标的成就感。我们有非常多的无名英雄，他们是我们未来的一切，我们要依靠他们团结奋斗，充分发挥个人能力。我们要构建干部体系，通过价值评价体系把我们所需要的优良作风固化下来，这将使华为公司在21世纪大有希望。”

华为是从“英雄”创造历史的小公司发展起来的，在公司的很多部门，涌现出了不少“英雄”，这些精明能干的人奠定了华为十年的根基。创业初期，为了能够让公司大力发展，任正非鼓励华为的员工充分发挥个人的才干，积极进取，要争当华为各个部门的英雄，华为很多高级管理者都是从这些英雄人才中选拔上来的。

但是，当公司发展到一定程度之后，公司内部的治理就不能单凭激情和热忱了，更多的是需要制度和理性。华为在迅速壮大之后，任正非已经觉察出公司管理的问题，他开始认真思考个人与企业之间的关系，在创业初期，热衷英雄主义的任正非渐渐不再把“英雄”二字挂在嘴边了，他开始思考如何将华为做成长久发展的企业。

2000年，为了让华为的高级管理者能够更好地理解高层干部的责任和使命，任正非组织华为高级副总裁以上的干部，以“如何进行有效的公司治理”为主题进行命题作文，这次的命题作文其实是任正非对华为高级管理人员职业素养的一次测评，这次测评并不是一考定终生，考不好的人可以学习改进，下一次再进步就行，但一而再、再而三地考不出好成绩的高级管理者就将被降级。

任正非主张只注重个人成就感的人不能当领袖，他举过一个例子：一列从广州开往北京的火车，有数百人在维护铁轨，使火车正常前进，有数十个司机负责火车安全行进，这列火车能够安全抵达目的地，并非一个人的功劳，而是很多人的功劳，所以在其中，不是某一个人是英雄，大家都是奉献者，都是英雄。

任正非一直在强调高级管理者要淡化个人英雄主义色彩，就是想将华为逐渐演变成为职业化管理的公司，淡化个人英雄主义色彩，是实现职业化的必经之路，华为如果想要建立新型劳动力机制，就要实现流程化管理和职业化的管理团队，而不是任用头脑发热的团队管理者。

为了达到职业化管理企业的目的，华为在美国Hay公司的协助下，制定了高层干部任职资格评选的标准，任职资格一共分为五个等级，每个高层管理者在每年年初的时候都要填写任职资格表，年底要填写述职报告，公司会根据这一年的努力和表现来评定这个管理者是否合格，是否达到了标准。

这项评定工作由任正非亲自主持，由高级副总裁以上的干部一起参与评定工作，这样做的目的，是希望让这些高级干部能够更加明确自己的思想，任正非总是对他们强调集体的力量，让他们明白在企业中，个人的能力是有限的，只有凝聚团队的集体力量，才能做出好成绩。

干部必须从实践中来

管理语录

现在我们需要大量干部，干部从哪里来？必须坚持从实践中来。如果我们不坚持干部从实践中来，就一定会走向歧途。是不是外来的“空降部队”就一定不好呢？很多公司的历史经验证明，“空降部队”也是好的，但是其数量绝对不能太大。问题在于我们能不能把这支“空降部队”消化掉。如果不能消化掉，我认为我们公司就没有希望。那么，我们现在有没有消化“空降部队”的能力呢？没有。因为我们每级干部的管理技能和水平实际上都是很差的……

比如，从哈佛大学来的几个博士，他们做的那套东西我们适应不了，结果，我们既没有受到教育，他们也没有发挥作用。如果我们把他们用到负责岗位上，他们那个指挥系统可能就会乱得一塌糊涂。但是，如果我们不用他们呢，像我们这样的“农民”，何时才能革命成功啊。所以公司就确定了一条方针：从我们自己队伍里培养我们的骨干。就是依据公司一系列干部制度和政策，靠自己的努力来培养自己的跨世纪干部。

——任正非在第二期品管圈活动汇报暨颁奖大会上的讲话

管理智慧

李嘉诚曾说过：“用人是经商的一大学问，要招到自己喜欢的能人，重用有本事的人，让人才站出来，显示自己的才能。”GE前任董事长兼首席执行官杰克·韦尔奇也曾说：“在正确的岗位上找到正确的人做事比开发一项战略要重要得多。”由此可见，一个有远见的领导者，不仅会使用现有人才，而且会适时地挖掘人才，尤其是具有潜能的人才，以此来保证企业的可持续发展。

与一些企业在招聘时看重工作经验不同，华为在招聘时，最看重的是一个人的成长潜能，因为华为认为：一个可发展的人才更甚于一个客户或一项技术，一个有创造性的人才可以为公司带来更多客户，我们宁愿牺牲一个客户或一项技术换一个人才的成长。

为了能够充分挖掘每个员工的潜能，华为设计了著名的五级双通道晋升模式。在华为内部，每名员工都会面对两条不同的职业发展通道，分别是专业通道和管理通道。这两条通道是平行的，没有交叉，所有员工都可以根据自身特长和意愿，为自己设计切实可行的职业发展通道。每个通道又分为若干等级，只有连续三年绩效达到12分，你才有资格申请更高一级，这也就保证了优秀骨干被挖掘出来，在公司中脱颖而出。

另外，如果有的员工感觉自己能力很强，不想放弃另一个通道，那么他也可以选择双线发展，一旦你的领导能力或人际关系处理能力相对欠缺的话，那么你还能够有技术等级资格做保障；同样，如果你的技术等级资格相对较弱，你也可以转向管理职位。同时，为了留住那些有丰富经验的资深技术骨干，华为还做了这样的规定：员工一旦达到资深技术专家这一级别，即使他没有担任任何管理职务，同样也可以享受公司副总裁的薪金和职业地位，有权调动资源。

当年，华为也曾用过“空降兵”，公司曾经从哈佛大学招聘了几名博士，但是他们带来的一些工作流程和方法，华为的员工根本适应不了，导致华为根本没有提升竞争力，而那些哈佛来的博士也感觉自己在华为发挥不了什么作用。

通过五级双通道这种模式，华为从内部挖掘了大量基层人才。在华为，几乎所有高层管理者都不是直接升上去的，更没有“空降兵”，所有员工都是从最低级别一步步培养起来的，这些有基层工作经验和管理经验的管理者发展潜能巨大，他们更能了解员工的工作状况和想法，而且熟悉公司的企业文化，认同公司的价值观，远比那些“空降兵”实用得多。

放眼望去，那些在市场竞争中败下阵来的企业，并不见得就是因为资金短缺的问题。从某种程度上讲，很大一部分原因是企业领导没有正确的管理和用人方式，致使人才流失，最终导致企业败北。

管理大师吉姆·柯林斯经过5年的研究发现，从1435家公司中挑选出的堪称“卓越”的11家中，有10家的CEO都是从公司内部提拔的，而诸如美国通用电气、宝洁和摩托罗拉等著名企业很早就形成了内部培养、发展、选拔的用人机制。

与任正非一样，马云也十分注重从内部培养员工，他曾在《赢在中国》节目中这样点评一名选手：“关于挖掘内部人才的问题我是这么看的，永远要想办法在你公司内部找到会超过你的人，在公司内部找到能够超过你自己的人，就是你发现人才的办法。如果你找不到，一定是你的眼光有问题、你的胸怀有问题，可能你的实力也有问题。所以我觉得要在内部找到超过自己的人。你相信这小伙子三年、五年以后一定能超过自己，找出这样的人来。今天他也许存在这样、那样的问题，但是一定有这样的潜力。另外是从结果上判断他，从过程上判断他，从他边上的人判断他，但是还有很重要的是让他给你推荐他认为最优秀的人，从这方面判断他是不是优秀的人才。”

在阿里巴巴，任何一位员工只要被挖掘出来，被马云认为是“可塑之才”，就会得到公司的大力培养和重用。马云会给这些“重点培养对象”提供各种培训机会，让他们能够在不同业务部门体验，使他们能够在比较短的时间接触不同的业务，锻炼各方面的能力，从而提升自己，这样就能够确保他们能在不远的未来，代替马云冲锋陷阵。

得人才者，得商业大势，而善于从内部挖掘人才，能够选择适合自己企业发展的人才，并让每个人才各尽其责，发挥最大的能动作用，当是一个成功企业家的成功智慧。

宽容会团结大多数人与你一齐认知方向

管理语录

为什么要对各级主管说宽容？这和领导工作的性质有关。任何工作，无非涉及两个方面：一是同物打交道，二是同人打交道。

不宽容，不影响同物打交道。一个科学家，性格怪异，但他的工作只是一个人在实验室里同仪器打交道，那么，不宽容无伤大雅。一个车间工人，只是同机器打交道，那么，即使他和所有人都合不来，也不妨碍他施展技艺制造出精美的产品。

但是，任何管理者，都必须同人打交道。有人把管理定义为“通过别人做好工作的技能”。一旦同人打交道，宽容的重要性立即就会显示出来。人与人的差异是客观存在的，所谓宽容，本质就是容忍人与人之间的差异。不同性格、不同特长、不同偏好的人能否凝聚在组织目标和愿景的旗帜下，靠的就是管理者的宽容。

宽容别人，其实就是宽容我们自己。多一点对别人的宽容，我们生命中就多了一点空间。

宽容是一种坚强，而不是软弱。宽容所体现出来的退让是有目的、有计划的，主动权掌握在自己的手中。无奈和迫不得已不能算宽容。

只有勇敢的人，才懂得如何宽容，懦夫绝不会宽容，这不是他的本性。宽容是一种美德。只有宽容才会团结大多数人与你一齐认知方向，只有妥协才会使坚定不移的正确方向减少对抗，只有如此才能达到你的正确目的。

——任正非2010年1月14日在2009年全球市场工作会议上的讲话

管理智慧

管理者需要有能包容员工的气度，美国著名的作家马克·吐温说过一句名言：“紫罗兰把香气留在踩它的人的脚上，这就是宽容。”作为企业的管理者如果不能宽容待人，总是训斥员工，不能体谅员工犯下的错误，那这名管理者是不够成功的，或者说是不够成熟的。

任正非认为宽容会将员工团结在管理者周围。毋庸置疑，华为的管理制度是很严格的，但随着各项管理变革落实后，一切管理都变得流程化之后，华为在管理上逐渐放松下来，没有最初那么严苛了。任正非说：“禁欲主义不行，拜金主义也不行，人必须在非常宽松的环境中发展。”

1999年之后，华为进入了稳步提升期，这时的华为更注重夯实内部管理，对员工的管理也更加细致，更加科学了。任正非试图营造更加细化、更加富有人文色彩的管理环境，在管理下属员工的时候，对待下属犯的错误要耐心处理，不要有浮躁的情绪，也不要轻易动怒，那样会让员工有抵触心理。

在管理员工上，管理者要以宽容为主。李嘉诚十分注重在日常管理中注入感情因素，对待员工，他总是非常仁爱宽厚，关注他们的利益，因此也赢得了员工的尊敬，尽心尽力地为公司效力，从而为公司创造更大的经济效益。试想一下，在生意场的竞争中，员工们同心同德、上下一致的企业和员工们钩心斗角、阳奉阴违的企业狭路相逢，谁会获胜呢？

在创业的初期，由于经营不善，李嘉诚的企业也曾出现危机，为了降低成本，他不得不大幅度裁员，虽然裁员对于大多数企业来说是很正常的事情，但是李嘉诚却感到非常愧疚，因为这些员工离开工厂，就意味着暂时失去了生活来源。

于是他向被辞退的员工们和他们的家属表示了歉意，并表示等到危机过后，一定让大家继续回来工作。当工厂的经济效益好转后，李嘉诚诚挚地邀请以前被辞退的员工们回来工作，而这些相继返回的员工，也以更加努力工作的姿态来回报他。

李嘉诚之所以能够叱咤商场几十年而经久不衰，与其对人才常怀仁爱之心有巨大关系。美国著名成功学家戴尔·卡耐基在其著作《关爱人》中写道："一个能够从细微处体谅和善待他人的人，一定是与人为善的人，必定有很好的人缘关系，这种人缘关系就是他成功的基石。"同样，管理者要想赢取民心，就必须做到以人为本。作为管理者，只有凭着仁爱之心，处处为员工着想，知道他们的困难所在，并及时予以解决，才能促使他们真正发挥自己最大的作用和能力，最大化地促进企业的发展。

国内一家调研机构曾向员工提出过这样一个问题：你最喜欢什么样的上级？大多数员工都提到一点，那就是要求上级要有仁爱之心。

然而，我们经常看到一些企业管理者奉行"强权即公理"的管理模式，在他们那种冷漠的强权管理下，员工们的逆反情绪变得越来越强烈，最终使他们失去了民心。

没有干劲的人不能得到提拔和重用

管理语录

各级干部都必须努力培养超越自己的接班人，这是我们事业源源不断发展的动力。没有前人为后人铺路，就没有人才辈出。只有人才辈出，继往开来，才会有事业的兴旺发达。任何人都必须开放自己，融入华为的文化生活中去。为了企业的生存与发展，要有能上能下的心胸。只有能屈能伸的人，才会有大出息。选拔人才要重实绩，择优选用，做不好本职工作，就做不好更重要的工作。当然，看人要看主流、看本质、看发展、看品质、看受过的基础训练，不要求全责备、以偏概全，更不能论资排辈。

要有强烈的进取精神与敬业精神，没有干劲的人不能进入高层。没有敬业精神的高级干部要调整职位。华为公司永远要充满活力，永远不允许自满自足的情绪在公司游荡。

各级领导干部不但要学会做人，也要学会做事，踏踏实实地做事，认认真真地做事。那种只说不做或只会做表面文章的人，只会进行原则管理，从不贴近事件的人，不能得到提拔和重用。

——任正非1998年，《不做昙花一现的英雄》

管理智慧

企业想要发展，留住人才是关键，如何能够让人心甘情愿留在企业工作，就要看管理者会不会管理了。在华为的人才结构中，干部是非常重要的组成部分，华为的管理机制中，好的干部能够确保底下员工的工作效率，能够令业务拓展顺利进行。所以，华为对于公司干部的选拔非常重视，规定了很多选拔干部的规章，但很重要的一项干部选拔原则是让干部自己培养超越自己的接班人，干部提拔的接班人要有干劲，要有热情和冲劲。

华为在选拔干部时，一直秉持这样的原则，合格的管理者需要具备强烈的进取精神和敬业精神。在企业中，核心领导干部大约占5%，这5%的管理者要担负起企业发展的重担，他们必须有责任心、上进心，他们不仅仅要将企业维持在生存的水平线上，而且要将企业发展壮大，让企业中的每个员工感受到希望。

任正非要求华为的管理者要有很强的办事能力、踏实稳重的性情，还要有强烈的社会责任感和企业使命感。这样的管理者才能不断提升自己，不断为企业奉献自己的聪明才干。任正非认为，企业的管理者不但要学会做事，更要学会做人，如果一个人虽然很能干，但却油嘴滑舌，只懂得投机取巧，即便他能为企业带来效益，也不会在华为得到提拔和重用的。

华为要求每个管理干部都能够亲自动手去做某件具体的事情，而不是一味地发号施令，对于那些找不到事情做又无法管理下属的干部，就只能精简掉了。任正非认为中、高层的管理干部应当时刻胸怀企业的使命感，因为这样才能对事业保持长久的热情和负责任的态度。

这样的管理者才能够更好地激励员工工作，能够带领团队不断挑战极限，发展自我，追求卓越。有干劲的管理者不会安于现状，也不会为了一点点小成就自满自足，他们会一直不断地严格要求自己做出更大、更好的成绩来。华为就是需要这样充满力量、充满干劲的管理者，和企业一同成长进步。

1998年，任正非在《不做昙花一现的英雄》中就提到了华为会晋升什么样的干部：“各级干部都要亲自动手做具体的事。那些找不到事又不知如何下手的干部，要优化精简，不仅要精兵简政，也要精官简政。我们将把没有实践经验的干部调整下去。在基层没有做好工作的、没有敬业精神的，不得提拔。任何虚报浮夸的干部都要降职、降薪。高、中级干部要提高自身的修养，学习领导的艺术和良好的工作作风。我们要把批评与自我批评的工作作风，从高层一直传递到基层去。我们要在公司内部允许对自己的上级、部下进行批评，否则人人都顾及影响，都做‘好人’，企业管理的进步就无从说起。团结、沟通是我们工作永恒的主题。任何一个干部，不仅要团结与自己意见一致的人，也要团结与自己意见不一致的人，做不到这一点就谈不上接班人，就永远不会得到提拔。”

任正非要求领导干部要有自我提升的能力，能够很快适应企业的文化，适应企业的工作状态，管理者必须很快理解企业的核心价值观，并且认同企业的价值观，要善于倾听下属不同的意见，要能够安抚下属的情绪，给下属正确、积极的帮助。这样的管理者不仅会受到公司的器重，更会受到员工的拥护。

有这样的管理者，才能更好地衔接公司和员工，让公司更了解员工的需要，以随时弥补自身的不足，也能够让员工更了解公司，消除不必要的误会。所以，任正非非常器重有干劲的人，他认为这样的员工才是企业的财富，才有资格晋升，成为企业的管理干部，为企业发展添砖加瓦。

绝不允许“堡垒从内部攻破”

管理语录

过去十年来，干部大量被提拔上来，对干部的情况不甚了解，个人的履历可能由于种种原因有不真实的地方，家庭成员的情况可能也有变化，现在我们要求干部在这些地方要加强透明度。你可以放弃对公司的透明度，而公司也可以放弃你做干部的权利。在这个工作中，我们一定要尊重、相信干部个人对这个问题的陈述，这种陈述也是个人对企业的承诺，这种承诺我们是可以理解的。

我们还要清理干部的腐化现象，绝不允许不良的现象存在。当然我们要重证据，尊重本人的申诉，宁可信其无，不愿信其有，我们的目的是让人改正。对干部的管理：一是要让其自我约束，二是公司进行约束。

华为公司不是生活在真空，社会上很多东西也会反映到公司中来，公司这么多年来，如果不进行各种管理，任其自由发展，就成为好公司，是不可能的。公司理解在发展过程中存在的这样那样的历史情况，我们希望大家对此能有正确的陈述。大家在这个问题上要宁右勿左，不要把公司弄乱了，而是要让员工得到正确的人生观教育。

——1998年，任正非《不做昙花一现的英雄》

管理智慧

华为发展到如今，规模如此之大，高级管理者也很多。任正非看得很透彻，他知道在干部团队的建设过程中不会是一帆风顺、毫无问题的。在企业做大、做强之后，管理者之间很有可能会滋生一些不良情绪，不同部门的管理者也许会钩心斗角，或者为了利益贪污腐败，等等。这些问题都不利于公司的发展，也不利于干部团队的建设，所以，任正非为了华为的未来，认为一定要保持干部管理者的廉洁性："创业容易守业难，堡垒最容易从内部攻破。我们要时刻保持清醒，强化干部自我监管和组织监管机构的建设，保持干部队伍的廉洁和奋斗，只有这样，公司才有可能长久地活下去。"

2007年9月29日下午，华为在总部召开了《EMT自律宣言》宣誓大会，参加大会的有华为200多名中、高级干部，还有EMT成员任正非、孙亚芳、郭平、徐直军等人，他们一起举起右手，庄严宣誓："我们必须廉洁正气、奋发图强、励精图治，带领公司冲过未来征程上的暗礁险滩。我们绝不允许‘上梁不正下梁歪’，绝不允许‘堡垒从内部攻破’。我们将坚决履行承诺，并接受公司监事会和全体员工的监督。”

《EMT自律宣言》的内容包括：

1. 正人先正己、以身作则、严于律己，做全体员工的楷模。高级干部的合法收入只能来自华为公司的分红及薪酬，除此之外不能以下述方式获得其他任何收入：绝对不利用公司赋予我们的职权去影响和干扰公司各项业务，从中牟取私利，包括但不限于各种采购、销售、合作、外包等，不以任何形式损害公司利益。不在外开设公司、参股、兼职，亲属开设和参股的公司不与华为进行任何形式的关联交易。高级干部可以帮助自己愿意帮助的人，但只能用自己口袋中的钱，不能用手中的权，公私要分明。

2. 高级干部要正直无私，用人要五湖四海，不拉帮结派。不在自己管辖范围内形成不良作风。

3. 高级干部要有自我约束能力，通过自查、自纠、自我批判，每日三省吾身，以此建立干部队伍的自洁机制。

华为公司提出：“当我们的高层选拔管理者中有人利用职权牟取私利时，就说明我们公司的干部制度和管理出现了严重问题，如果只是就事论事，而不从制度上寻找根源，那我们距离死亡就已经不远了。”

在华为发展越来越迅速的今天，干部管理者的权力也随之越来越大，如果他们心理不够成熟，被欲望冲昏了头脑，打破了自己的价值观体系，做出了违背道德、损害华为公司利益的事情是很不好的。

马云曾说过：“能力决定你所在的位置，品格决定你能在这个位置待多久。”那些有责任心、能够做大的企业，永远将员工的品德放在第一位。阿里巴巴曾经发生过一件事情：有人反映公司的一名员工在与客户接触的时候，向客户承诺了回扣。这件事情让阿里巴巴的领导们很是震惊，因为收取回扣在阿里巴巴是坚决不允许的。在阿里巴巴创建之初，马云就制定过一项制度：公司永远不要给任何人一点回扣，如果谁给了回扣，就请离开公司。马云认为，阿里巴巴不需要进行桌下交易，他也不需要进行桌下交易的伙伴。

所以，这件事情出了之后，公司内部就赶紧调查，最后查清楚了，承诺回扣的员工是淘宝网一名业绩一向很优秀的业务员，他为了这个季度自己的业绩能够达到“优秀”的标准，而想出这么一个“歪招”。这个业务员平时一直表现得很优秀，而且刚刚被评为“销售之星”，平时都很遵守阿里巴巴的各项规章制度，也是为了希望做出好的业绩，有些急功近利，所以才想了这么个蠢办法。

他的主管有些不忍心开除这名员工，觉得人只不过是一时糊涂，稍加教育，以后一定会改正的。可是，面对主管的求情，马云毫不留情，没有任何讨价还价的余地，当天就给这名员工办好了离职手续。用马云的话说：“杀他是很痛心的，但是还得杀掉他，因为这种人没有用，他给团队造成的伤害是非常大的。”

好的企业管理者是不会允许自己的团队中出现品行不端的人的，员工不可以，那么身为管理者更要以身作则，严格要求自己，不能利用自己的权力谋求私利或者为别人办事。任正非认为，干部、领导者的德行修养特别重要，他认为：“外在的诱惑，可能会腐蚀整个干部队伍，我们对干部强调自律与诚信、责任意识、使命感，这都是干部的‘德’在企业里的体现。”

在其位谋其事，身为企业的管理干部，就更应该担负起更多的责任和义务，不能以权谋私。“在有制度的情况下，我们要严格遵守公司的制度；在制度覆盖不到的地方，我们要有自律和诚信意识，要以不损害公司的近期和长远利益来权衡。我们EMT成员自查了，而且今天宣誓了，下面各级主管要层层自查，层层宣誓。我们这样做是为了华为的明天，绝不允许华为有腐败的空间。”在宣誓大会上，任正非对公司的管理干部这样说道。他希望华为的高层能够杜绝不良习惯，要建立起自律和承担责任的意识。

华为的发展也证明了，任正非对管理干部的严格要求是非常有必要的，健康的团队才能带出企业的健康之路。

绝不允许干部在公司重大决策中掺杂私心

管理语录

从我创办华为担任总裁那天起，就深感置身于内外矛盾冲突的旋涡中，深感处在各种利益碰撞与诱惑的中心，同时也深感自己肩上责任的沉重。如何从容应对各种冲突和矛盾，如何在两难困境中果断地决策和取舍，如何长期抵御私欲的诱惑和干扰，唯有彻底抛弃一切私心杂念。否则无法正确平衡各方面的关系。这是我担任总裁的资格底线。

只有无私才会公平、公正，才能团结好团队；只有无私才会无畏，才能坚持原则；只有无私，才敢于批评与自我批评，敢于改正自己的缺点，去除自己的不是；只有无私才会心胸宽广，境界高远，才会包容一切需要容纳的东西，才有能力肩负起应该承担的责任。

我郑重承诺：在任期间，绝不贪腐，绝不允许亲属与公司发生任何

形式的关联交易，绝不在公司的重大决策中，掺杂自私的动机。

——2013年1月14日任正非在华为“董事会自律宣言”宣誓大会上的宣誓

管理智慧

2013年1月14日，华为在深圳坂田基地再次召开“董事会自律宣言”宣誓大会。这次会议由轮值CEO郭平主持，包括任正非、孙亚芳、徐直军在内的全体董事会成员面对来自全球的几百名中、高级管理者，一起举起右手，庄严宣誓。集体宣誓之后，董事会的成员们又依次进行了个人宣誓，表达了自己一心为华为谋利、不自谋私利的决心。

在中国的企业界，贪腐现象时有发生，它就像寄生在企业内部的暗疮，随着时间的流逝越来越大，最终导致企业消亡。任正非对这一现象深恶痛绝，他曾在《不做昙花一现的英雄》中写道：“任何一个干部都要清清白白做人、认认真真做事，做员工学习的榜样。不仅要严格要求自己，也要严格要求部属。只有一个群体具有高水平，才表明你这个干部的高水平。我们要持之以恒地在高、中级干部中贯彻、坚持原则，反对贪污，反对浪费，反对盗窃，反对假公济私，反对任人唯亲。”因此华为从创立之初，就要求所有管理者做到严格自律，并提出要制度化地防止干部腐化。每年华为都会聘请五大所之一的德勤对公司进行财务审计，并且还专门成立了纪律检查部门，在日常工作中对中、高层管理者进行监督审查，干部离职前还要接受严格的财务审计。在华为内部，一旦发现高层干部或其亲属与公司有关联交易，一经查实，立即免职，永不录用。

2004年，曾作为全球领先的通信网络设备提供商的朗讯被曝出内部腐败，导致公司不仅缴纳了巨额罚款，还变得臭名昭著，公司内部因高管腐败一事变得人心惶惶，朗讯流失了大量人力和物力，昔日的巨头最终失去了光鲜。

团购网站曾经风靡全国，在最高峰时期，全国出现的团购网站竟然高达五千多家，但是随着时间的推移，团购网站的数量不仅没有增加，反而逐渐减少。据中国电子商务研究中心（100EC.CN）监测：截至2014年1月，全国团购网站的数量仅为213家，而这些幸存的团购网站，也大多没有达到盈亏平衡。然而让人感到奇怪的是，虽然各个团购网站纷纷倒闭，但是内部的不少员工却大受其益，部分员工接受厂商贿赂、私自抬高进货价牟取私利，每年投入上千万元，甚至过亿元的广告，让负责广告的员工赚得盆满钵满，这种内部腐败的行为不仅损害了公司利益，自然也加速了企业的倒闭。

如何完善商业模式和管理模式，逐步减少漏洞，从根源上杜绝内部贪腐现象的出现，成为企业能够稳定发展的首要因素。

华为的高层看到过诸多业界同行及历史上内部贪腐导致企业倒闭的悲剧，他们深刻地明白，公司最大的风险来自内部，能够让华为倒下去的不是别人，只能是自己，只有保持干部队伍的廉洁自律才能保证企业的长足发展。所以 2005 年 12 月，华为召开了 EMT 民主生活会，并在会议上通过了《EMT 自律宣言》。2007 年 9 月 29 日，公司举行了首次《EMT 自律宣言》宣誓大会，表明了高层领导从自身做起，严格自律，把所有力量都聚焦在公司的业务发展上的决心，从那以后，华为每年都要举办一次这样的宣誓大会，通过这种制度化宣誓方式层层覆盖所有干部，接受全体员工的监督。

与华为一样，长城汽车也十分重视从内部惩治腐败，这也让长城汽车从效益不佳、略微亏损逐步发展成为全国知名汽车品牌。在长城汽车公司主楼门前的草地上，竖着两块石头，在一块黑色的石头上，首先映入眼帘的是“警钟长鸣”四个大字，下面刻着因贪腐而被判刑的人员名单。

在一楼的接待室，一直播放着长城汽车受贿者判刑案例，在接待室的墙上贴着腐败黑名单，分列“禁止合作”“重点监督”的供应商名单。

此外，长城汽车还专门制作了一本图文并茂的《长城汽车腐败警示案例集》，在案例集中记录了长城汽车自2008年推行廉洁体系制度以来，所发生的典型违规违纪事件，以此警示所有员工。

在长城汽车，办事靠的是真材实料，而不是回扣或者关系。每一个长城汽车的合作方，在签署合同的同时，还会被要求在一份阳光协议上签字，只有在两份协议上都签字，财务部才会出款。长城汽车要求所有员工绝对不能接受合作方的贿赂或招待，如果被发现有违规现象，一律开除，没有任何商量余地。

“千里之堤，毁于蚁穴”，企业发展到一定规模的时候，就容易滋生腐败，这也是导致企业衰败的原因之一。成熟的企业，能够从管理层和制度上预防腐败，只有这样，才会让企业在健康的体制下，迎风破浪，更好地参与外部的市场竞争。

高、中级主管必须要进行岗位轮换

管理语录

我们有一个原则，高、中级主管要进行岗位轮换。有个副总裁给公司写了一个报告，建议高层领导应一年一换，不然容易形成个人权利圈，造成公司发展整体不平衡。我们主张没有周边工作经验的人不能当主管，没有基层工作经验的人不能当科长。我们对基层操作人员实行相对固定的政策，提倡“爱一行、干一行，干一行、专一行”。

干部轮换有两种，一是业务轮换，如研发人员去搞中试、生产、服务，使他真正理解什么叫商品，那么他才能成为高层资深技术人员，如果没有相关经验，他就不能叫资深技术人员，让他们朝这个方向努力。二是岗位轮换，让高级干部的职务发生变动，一方面有利于公司管理技巧的传播，形成均衡发展；另一方面有利于优秀干部快速成长。

去年（2000年）我们动员了两百多个硕士到售后服务系统去锻炼。我们说，跨世纪的网络营销专家、技术专家要从现场工程师中选拔，凡是到现场的人工资比中研部高500元。一年后，他们有的分流到各种岗位上去，有的留下做了维修专家。他们有实践经验，在各种岗位上进步很快，又推动新的员工投入这种循环。这种技术、业务、管理的循环把优良的东西带到基层去了。

——摘自任正非内部演讲

管理智慧

俗话说得好，“铁打的营盘，流水的兵”，但是一个管理者，如果能让员工们在企业内部流动，那么这句话就可以改为“流水兵铸就铁打的营盘”了。

一个企业想要高速运转，各个部门之间就一定要协作配合好，而部门之间协作的乏力，往往会成为企业发展的最大阻力。造成部门协作不力的原因，通常是人的思维方式、思考角度出了问题，在中层干部中实行轮岗制度，能够让一个部门的管理者充分体验其他部门的工作情况，从而通过岗位的互换，形成换位思考，培养各部门的协作精神，从而促进企业的快速发展。

在华为内部，一直实行岗位轮换制度，几乎所有员工都有轮岗的经历。这种岗位轮换制度在中、高层管理者之间进行得更加频繁。华为明确规定，中、高级干部必须强制轮换。在华为的岗位轮换上，华为前执行副总裁毛生江的职业经历很具有代表性，从1992年进入华为之后，在华为13年的职业生涯中，他的工作岗位横跨了8个部门，职位也随之高高低低变动了8次，曾先后担任华为研发部经理、生产部总经理、终端事业部总经理、华为电气副总裁、华为山东分公司总经理、华为市场部副总裁、华为国际营销部副总裁、华为高级副总裁职务。

所有华为员工对于调换工作和部门已经习以为常，被调换的原因可能是业绩不佳，有更理想的人取代你，也可能是因为业绩太突出，需要你到新岗位把经验推广出去。通过这种岗位轮换制度，华为不仅促使员工和管理者掌握了多种技能，培养出适应力强、综合素质高的人才，并促进了各部门之间、业务流程各环节之间的协调配合，同时也避免了一些人因在某一岗位任职时间太长，从而形成失去工作的动力，形成自己的小圈子等弊病。

华为这种人才内部流动制度，使人力资本的价值发挥到最大，确保了华为在动荡的外部环境里能够高速发展而不会受到任何内部的干扰。有员工曾这样评价华为的轮岗制度：华为的每一名员工就像是一台精密仪器中的螺丝钉，即使你离开，也会马上有合适的人补充上来，所以你的离去，对整台仪器的运转不会产生任何不利的影响。

在当今社会，很多知名公司都已经在公司内部或跨国分公司之间建立了岗位轮换制度。例如，明基公司喜欢从大学校园里招聘应届毕业生，由于他们都是“白纸”，没有工作经验，所以无法知道他们在哪一个岗位更合适，因此明基公司一直实行岗位轮换制度。只要一名员工工作满两年，他就可以提出调换岗位，如果有其他部门同意接收他，那么其现任领导不能强留。轮岗制度也避免了明基公司的人才流失，因为任何人在工作中都需要挑战和新鲜感，在一个岗位太久，就会形成惰性，甚至想离开，而轮岗制度则会使人对工作充满新鲜感。明基公司通过轮岗制度源源不断地培养出复合型人才，有力地促进了企业的蓬勃发展。

就像任正非对员工说的那样：“我们一定要站在全局的高度来看待整体管理构架的进步，系统地、建设性地、简单地构建一个有机连接的管理体系，要端对端地打通流程，避免孤立改革带来的壁垒。我们要坚持实事求是，坚持账实相符，不准说假话。我们要努力使内部作业数据在必要的职责分离约束下，尽可能地提高运营效率。不单单是技术、市场等要进步，我们要使管理严格、有序、简单，内部交易逐步电子化、信息化，基于透明的数据共同作业。我们要实现计划预算核算的闭环管理，以保障业务可持续发展，规避风险和敢于投资，要平衡发展。

“各级干部要互相知晓，财务干部要懂些业务，业务干部应知晓财务管理。有序开展财经和业务的干部互换及通融，财务要懂业务，业务也要懂财务，混凝土结构的作战组织，才能高效、及时、稳健地抓住机会点，在积极进攻中实现稳健经营的目标，使公司推行的LTC、IFS能真正发挥作用。通过闭环管理来完善干部的考核与选拔。”

在IBM公司，新的一年开始时，员工们见面后问得最多的一句话就是：“你今年到哪个部门工作了？”这是因为在IBM公司，也实行一种名为“2-2-3”的岗位轮换制度，即一名员工在一个职位上工作两年，上一年的绩效考核是2（即良好）以上，用三个月时间处理完在原职位所遗留的事务之后，就可以申请调换岗位。所以在IBM，没有员工会因为上司的频繁更换而感到无所适从，因为定期或不定期的轮岗已经在IBM公司形成了企业文化，不管是中层管理者还是普通员工，他们都已经习惯了在不同上司的领导下有条不紊地工作，而IBM的高速发展，也彰显了轮岗制度在企业管理中旺盛的生命力。

由此可见，一家公司要想留住人才，单靠物质上的满足是无法实现的。因为员工个人的物质水平随着时间的推移而逐渐提高，薪金的奖励作用就会慢慢降低。而在那种岗位轮换的过程中，员工不仅享受到了类似“跳槽”的新鲜和乐趣，而且从中学到了不少东西，为自己日后的发展提供了良好的职业空间。

延伸阅读：为什么要自我批判
——在中研部大会上的讲话

今天研发系统召开几千人大会，将这些年由于工作不认真、BOM填写不清、测试不严格、盲目创新造成的大量废料作为奖品发给研发系统的几百名骨干，让他们牢记。之所以搞得这么隆重，是为了使大家刻骨铭记，一代一代传下去。为造就下一代的领导人，进行一次很好的洗礼。我今天心里很高兴，对未来的交接班充满了信心。

经历了十年的艰苦奋斗，我们从40门模拟交换机的研制开始，终于在SDH光传输、接入网、智能网、信令网、电信级Internet接入服务器、112测试头、模块电源等领域开始处于世界领先地位；密集波分复用DWDM、C&C08iNET综合网络平台、路由器、移动通信等系统产品跻身世界先进的行列；明年华为的宽带IP交换系统以及宽带CDMA也将商用化。这标志着在党的领导下，一群土生土长的中国人，争得与世界著名公司平等的技术地位，为伟大祖国争了光。

但华为公司真正能展现出实力，还是在未来的十年。现在你们的平均年龄是二十七八岁，十年后才三十七八岁，正当好年华。只要我们坚持自我批判，永不满足，你们火红的青春，就会放射光芒，就一定会大有作为。

自我批判不是今天才有，几千年前的曾子说“吾日三省吾身”；孟子说“天将降大任于斯人也，必先苦其心志，劳其筋骨，饿其体肤，空乏其身，行拂乱其所为，所以动心忍性，曾益其所不能”；毛泽东同志在写文章时，要求“去粗取精，去伪存真，由表及里，由此及彼”，这都是自我批判的典范。没有这些自我批判，就不会造就这些圣人。

华为还是一个年轻的公司，尽管充满了活力和激情，但也充塞着幼稚和自傲，我们的管理还不规范。只有不断地自我批判，才能使我们尽快成熟起来。我们不是为批判而批判，不是为全面否定而批判，而是为优化和建设而批判，总的目标是要导向公司整体核心竞争力的提升。

这些年来，公司在《华为人》《管理优化》、公司文件和大会上不断地公开自己的不足，披露自己的错误，勇于自我批判，刨松了整个公司思想建设的土壤，为公司全体员工的自我批判打下了基础。一批先知先觉、先改正自己缺点与错误的员工已经快速地成长起来。

我们处在IT业变化极快的时代，这个世界上唯一不变的就是变化。我们稍有迟疑，就会失之千里。故步自封，拒绝批评，忸忸怩怩，就不只千里了。我们是为面子而走向失败、走向死亡，还是丢掉面子，丢掉错误，迎头赶上呢？要活下去，就只有超越，要超越，首先必须超越自我；超越的必要条件，是及时去除一切错误。去除一切错误，首先就要敢于自我批判。古人云：三人行，必有我师。这三人中，其中有一人是竞争对手，还有一人是敢于批评我们设备问题的客户，如果你还比较谦虚的话，另一人就是敢于直言的下属、真诚批评的同事、严格要求的领导。只要真正做到礼贤下士，没有什么改正不了的错误。

真正的科学家，他的一生就是自我批判的一生，他从不满足于现阶段的水平，不断地深究、探索。当一个科学家要退休时，你问他，他的成果怎样？他滔滔不绝说的是存在的问题、改进的方向、以后要达到的目标，他就是在自我批判。没有自我批判，我们的08机早就死亡了。正因为我们不断否定，不断肯定，又不断否定，才有今天暂存的C＆C08iNET平台。如果有一天停止自我批判，iNET就会退出历史舞台。

如果没有长期持续的自我批判，我们的制造平台，就不会把质量提升到20PPM。中国人一向散漫、自由、富于幻想、不安分，喜欢浅尝辄止的创新。不愿从事枯燥无味、日复一日重复的工作，不愿接受流程和规章的约束，难以真正职业化地对待流程与质量。不能像尼姑面对青灯一样，他们冷静而严肃地面对流水线，每天重复数千次，次次一样的枯燥动作。没有自我批判，不能克服不良习气，我们怎么能把产品造到与国际一样的高水平？甚至超过同行？他们这种与自身斗争，使自己适应和日本人、德国人一样的工作方法，为公司占有市场打下了良好基础。如果没有这种与国际接轨的高质量，我们就不会生存到今天。

我们的管理系统，是从小公司发展过来的，从没有管理到粗糙的管理；从简单的管理到IPD（集成开发）、ISC（采购供应链）、财务的四统一、IT的初步建设。没有这些管理的深刻进步，公司如何实现为客户提供低成本、高增值的服务？管理系统天天也在自我批判，没有自我批判，难以在迅速进步的社会生存下去。

市场营销系统的自我批判，因为身处最前线，最敏感也最活跃，因此，只有自我批判，迅速地调整、改正一切必须改正的错误，否则早晚会被逐出市场。集体大辞职，就是他们在思想上、精神上的一次自我批判，开创了公司干部职位流动的先河。他们毫无自私自利的伟大英雄行为，必在公司建设史上永放光芒。

今年他们又从过去的客户经理制转变到客户代表制。为什么呢？就是要加强自我批判的强度。客户经理的目标很明确，是单方向的、推介式的。而客户代表呢？首先他们必须代表客户，代表客户来监督公司的运作。客户代表的职责就是站在客户的立场来批评公司，他不批评就失职；他乱批评，没有在整改中吸取他的经验教训，考评也不能好。他只有多批评，并实事求是，使批评的内容得以整改，他才会有进步。这样，我们一定能从客户代表那儿听到批评意见。为什么实行这项制度呢？因为我们常常听不到客户的批评，客户认为我们的员工太辛苦，工作中有一点点错，告诉公司怕影响他们的进步，有意见也不提了。久而久之，我们会认为太平无事，问题的累积则会毁坏整个客户关系。而客户代表又不同，他的职责就是批评公司，大到发货不及时、不齐套；小到春节期间您装机，以为没人管您，在机房吃东西。只要我们时时处处把客户利益放到最高的准则，善于改正自己存在的问题，那么客户满意度就会提高，提高到100%，就没有了竞争对手，当然这是不可能的。但企业的管理就是奋力去提高客户满意度。没有自我批判，认识不到自己的不足，何来客户满意度的提高。

研发系统这次彻底剖析自己的自我批判行动，也是公司建设史上的一次里程碑、分水岭。它告诉我们经历了十年奋斗，我们的研发人员开始成熟，他们真正认识到奋斗的真谛。未来十年，是他们成熟发挥作用的十年，而且将会有大批更优秀的青年涌入我们公司，他们在这批导师的带领下，必将产生更大的成就，公司也一定会在未来十年得到发展。我建议“得奖者”将这些废品抱回家去，与亲人共享。今天是废品，它洗刷过我们的心灵，明天就会成为优秀的成果，作为奖品奉献给亲人。牢记这一教训，我们将享用永远。

我们将继续推行以自我批判为中心的组织改造与优化活动。我们也决定要把现在的骨干培养为具有国际先进水平的职业化队伍。我们希望一切骨干努力塑造自己，只有认真地自我批判，才能在实践中不断吸收先进经验和优化自己，才能真正地塑造自己的未来。公司认为自我批判是个人进步的好方法，还没掌握这个“武器”的员工，希望各级部门不要再给予提拔。两年后，还不能掌握和使用自我批判这个“武器”的干部，请降级使用。

同时，我们也要告诫员工，过度地自我批判，以致破坏成熟、稳定的运作秩序，是不可取的。自我批判的不断性与阶段性要与周边的运作环境相适应。我们坚决反对形而上学、机械教条的唯心主义，在管理进步中，一定要实事求是，不要形左实右。

尽管我们要管理创新、制度创新，但对一个正常的公司来说，经常变革，内、外秩序就很难安定地保障和延续，不变革又不能提升我们的整体核心竞争力与岗位工作效率。改革，究竟改什么？这是一个严肃的问题，各级部门切忌草率。一个有效的程序应长期稳定运行，不因一点问题就常去改动它，改动的成本会抵消改进的效益。各级领导一定要把好这个关，宁可保守一些，也不可太激进。

我们开展自我批判的目的不是要大家去专心致志地修身养性，或是大搞灵魂深处的革命。而是要求大家不断地去寻找外在的更广阔的服务对象，或是更有意义的奋斗目标。因为你的内心世界多么高尚，你个人修炼的境界多么超脱，别人是无法看见的，当然更是无法衡量和考核的，我们唯一能够看见的是你在外部环境中所表现出来的态度和行为，它们是否有利于公司建立一个合理的运行秩序与规律，是否有利于去除一切不能使先进文化推进的障碍，是否有利于公司整体核心竞争力的发展。这就需要我们不断地走出内心世界，向外去寻找更为广阔的服务对象和更有意义的奋斗目标，并通过竭尽全力地服务于他们和实现它们，使我们收获幸福、美好、富有意义的高尚人生。

其实我所说的自我批判的根本意义，就在于此。

第四章

经营管理：企业的经营管理必须求“法”

对华为公司来讲，长期要研究的是如何活下去，寻找我们活下去的理由和活下去的价值。活下去的基础是不断提高核心竞争力，而提高企业竞争力的必然结果是利润的获得，以及企业的发展壮大。这是一个闭合循环。对于个人来讲，我没有远大的理想，我思考的是这两三年要干什么、如何干，才能活下去。我非常重视近期的管理进步，而不是远期的战略目标。活下去，永远是硬道理。

——任正非

现金流就是冬天的棉袄

管理语录

大家总问华为的冬天是什么？棉袄是什么？就是现金流，我们准备的棉袄就是现金流。存在银行、仓库的钱算不算现金流呢？算，但钱总是会坐吃山空的。所以必须要有销售额。大家有时对销售额的看法也有问题。我卖的设备原来是100元钱，90元卖掉我就亏了10元，这种合同坚决不做。坚决不做呢，公司就亏损了23元，因为所有费用都分摊了，在座的开会的桌子、坐的椅子的费用都分摊进去了，还要多拿23元贴进去才能解决这个问题，甚至可能还不止这个数。如果亏10元钱卖了，能维持多长时间呢？就是消耗库存的钱。消耗、消耗、消耗，看谁能消到最后。谁消耗得最慢，谁就能活到最后。市场是这种规律，网站也是如此。我们假设国内有一个网站手里还有5000亿美元的现金在烧，它就可能会把中国电信烧死。反正我不要钱，我就与电信拼烧钱。不要钱，花光用光，现金流都没有了，没有现金流就死了。死了就成功了。可惜他没有现金。我没有5000亿美元。我算了一算，中国电信的最后一口气是多少，是500亿美元，那我只要有501亿美元，这个商业模式就成功了。

所以说，现在对现金的把握是非常重要的。

——任正非2002年，《迎接挑战，苦练内功，迎接春天的到来》

管理智慧

在日趋激烈的市场竞争中，一个企业能否持续发展、能否在危机来临之际站得住脚，在很大程度上取决于这家企业的现金流。资金的周转速度和财务的能力对企业意义重大，所以，企业想要健康发展，就要有良好的财务状况。任正非是个目光长远的人，高瞻远瞩，未雨绸缪。

一向很有危机意识的任正非非常重视现金流和回款。华为开拓海外市场的时候，首先遇到的就是海外回款期长、风险大等问题，对于华为这种要将业务开拓到全球多个国家和城市，市场拓展无比迅猛的企业来说，现金流的压力特别大，所以，2004年前，他就非常有预见性地设置了专门负责回款的市场财经部门。为了尽可能地减少回款危机，华为一般采取三种方式避免海外贸易的回款风险。

第一种：在签订项目合同之前，让对方先预付30%的预付款，抽样产品后再付40%的款项，剩下的30%等到全部交货后付清。

第二种：针对一些比较特殊的国家，可以利用政府的协议，比如要和一个石油国家有项目合作，华为可以通过中国政府与这个国家建立合作，中国和这个石油国家进行贸易交易，然后华为再从政府那里获得资金。

第三种：针对非洲一些国家，利用当地的资源，华为和其他公司合作，这样风险会均摊，不会只让华为一家企业承受。

任正非看重资金，也因为华为在创业初期，一直被资金匮乏这样的问题困扰，很多机会就在眼前，但却无法施展拳脚，严重困扰了华为早期的发展。那时，为了让企业渡过难关，任正非还借过高利贷，带头只领一半工资，甚至不领工资，让财务给自己打白条。

创业初期对资金的巨大需求，让任正非认识到现金流对于企业来说意义重大，即便在外有很多款项，但如果企业的财务账上资金不充足，那也是无济于事的，企业会很快陷入濒临倒闭的困境，所以，任正非在经营华为的过程中，特别重视现金流。他曾经对同事这样说道："'家有粮，心不慌'。在深圳口袋里有钱，心就不慌，在最关键的历史时刻，我们一定要重视现金流对公司的支持。在销售方法和销售模式上，要改变以前的粗放经营模式。我宁肯卖得低一些，也一定要拿到现金。冬天过去，没有足够现金流支撑的公司，到春天就不存在了。这个时候我们的竞争环境就会有大幅度的改善。巨大的财务泡沫对西方公司造成了打击，他们自己已经乱了阵脚。乱了阵脚我们做什么呢？乘胜追击，争取到更多市场、更多机会，我们就能活到春天；活到春天，我们存的粮食吃光了，再种。"

任正非说的这个时刻，是他预见到了全球IT泡沫即将破裂的时刻，大规模的电信设备制造商和运营公司即将破产。在这样严酷的背景下，华为能够安然无恙地走过去，靠的就是充裕的现金流。为了保证公司的现金流，任正非还指示过销售人员，在特定时期要特别做事，赔钱也要做销售。

"大家说这么苦为什么要过冬天？北方有瑞雪兆丰年的说法。大家听过这句话吧，瑞雪为什么会兆丰年？（提问的回答：因为下雪就会把害虫和有病的苗冻死，春天来的时候，庄稼就会长得更茂盛。）冬天过去，没有足够现金流支撑的公司，到春天就不存在了。这个时候我们的竞争环境就会有大幅度的改善。我们说熬过了冬天就是春天，春天来了他们没有现金流，就支撑不了了。海外市场上节节胜利，与西方公司现金流的支撑有很大的关系。我到拉美去，我们在卡比拉的工厂参观，对面就是LUCENT

的工厂。我一看LUCENT的工厂那么漂亮，我说我们一定要把它买下来。为什么，它已经把除看门的人外，基本都裁光了，这种情况下用户的信心也不存在了。”任正非的这种做赔本买卖的思想，让很多人不解，但正是这样做，才为公司保存了现金流，不要看当时亏了钱，如果当时不赔本签下这单买卖，以后可能亏损得更多。

一直维持充裕的现金流，是华为在海外市场发展顺利并突飞猛进的基本保障，是华为持续发展壮大的物质保障。

公司全体上下一定要勤俭节约

管理语录

未来3～5年是整个产业最困难的时候，公司全体上下一定要勤俭节约。

我们现在面临很困难的局面，全行业毛利率下降，客户对价格有完全的话语权，说降价我们就只能降价，即使送也很难，一些业界喊得很响的战略市场几乎没希望赚钱。所以我们不能被销售规模的增长迷惑了，以为形势一片大好，其实近几年的经营性净利润率在不断下降，去年已低于8%，而鉴于研发、市场都必须持续高投入的行业特点，经营性净利润率低于6%就很难支撑了，所以现在这个盈利水平，我说给客户听，他们都表示吃惊。如果我们现在还不学会勤俭节约，将来的日子是过不下去的。

我们一定要把费用降下去，并且和奖金挂钩。总体费用的增长率不能超过公司收入的增长率，总体费用的增长率要在去年的基础上下降

1～2个百分点，公司的费用降不下去，公司全体的奖金打折扣。

我们还是要做艰苦奋斗的准备。我们不是什么富裕阶级。有的主管已经把自己当作富人，带动了整个地区的消费水平急剧上升，结果搞行政服务的人就有13个。人增加了，就要给这些人增加服务，增加了服务人员，还要给这些服务人员增加服务。这样做的结果，大家都比赛，没有好的生活条件就不出国了。因此选拔干部过程中还是要看思想品德中有没有艰苦奋斗的精神，我要的是敢于在上甘岭爬冰卧雪，我才能提拔你为将军。将军当然要能打仗，但只能在爬冰卧雪中去培养。不愿意爬冰卧雪的我们就不认同，就不给你这个机会。

——任正非2006年，《冬天论》

管理智慧

控制成本对企业来说非常重要。华为在1998年开始国际化竞争的道路之后，每一分钱都变得特别重要，对华为来说，控制好成本，多省出一分钱就有一分钱的胜算，毕竟，这场国际化的竞争之战是场硬仗。

任正非认为当前要抓好办公费用和差旅费的合理性和有效管理性，他这样说道："我看了财务报表，去年办公费用和差旅费用的增长率均远远高于收入的增长率，我们已经成为运作成本高的公司，这种状况与我们所面临的竞争压力是极其不相称的，一定要降下来。我们在一段时间内也不要抓太多指标，不能做千手观音。当前主要抓两项：一个是办公费用；另一个是差旅费。抓降低费用，不是简单化一刀切，而是要重点抓办公费和差旅费的合理性、有效性。"

华为将勤俭节约贯彻在了工作中的每一处小细节上，比如，在华为的很多部门都贴有“下班之前过五关”的卡通画，这些卡通画是在提醒员工们下班之前别忘记关灯、关电脑、关门窗等事项。据华为内部的统计数据表明，通过养成这些好习惯，华为每个月光电费就可以节省下来几十万元。

在公司的经营中，管理者不要认为公司挣钱了，就可以大手大脚，这样对公司的发展是不利的。尤其是在公司刚步入正轨的时候，管理者更要提倡全公司的员工勤俭节约，马云在刚创立阿里巴巴的时候，也经历过和任正非类似的勤俭节约的过程。

在阿里巴巴创业初期，马云和创业团队凑的50万元根本不经花，本来马云打算用这些钱坚持十个月，可离十个月还早呢，钱就花没了。

在公司缺钱的那段日子，为了压缩公司的运营成本，本来就要求节俭的马云对公司的成员开支更是“抠门”。那时候彭蕾是公司的出纳、采购员，负责公司的一切花销。被马云称为“组织部长”的她，当时更像个“打杂的”。

“那个时候没有什么分工，哪项工作缺人，你又能做一点，就去做。其实我就是管钱的，买盒饭、打印纸没了买纸，就管这个。因为那个时候没有公司。公司是 1999 年 9 月 10 日正式成立的，之前我是做客户服务、出纳。”这是彭蕾当了阿里巴巴的副总裁后，回忆当年创业艰辛时说的话。

买办公用品时，彭蕾还要货比三家，尽量保证买到物美价廉的东西，争取把每一分钱都花在刀刃上。办公用品都如此节省，出行工具就更别提了，公司没钱购车，员工出门能走路就走路，能坐公交就不打车。如果必须打车，那也尽量打最便宜的出租车，尽量不坐桑塔纳，而是坐夏利，只因为桑塔纳比夏利贵1块钱。现任阿里巴巴资深副总裁的金建杭回忆说：“我们打车，一看是桑塔纳，本来手都举起来了，就跟人家出租车司机聊上几句打发过去，直到看见夏利才坐上去。”

后来，尽管阿里巴巴获得了高盛、软银等著名投资机构的大笔风险投资资金，但是，这种节俭的传统仍然在阿里巴巴公司延续，曾经共同创业的同事，现如今都成了公司高管，他们出差坐飞机很少买头等舱；打车也尽量选便宜的。在阿里巴巴的办公室门口的复印机上放着一个储蓄罐，旁边墙上白纸黑字写了很长的复印机使用规定，在这份规定中明确写道：个人因私事复印每张5分，自觉投币。

节俭不仅是积累财富的基石，同时也是一面体现一个商人内在品质修养的镜子。已故苹果原总裁乔布斯同样表示过："开支最省这一原则的重要性无须多言。大多数企业还没能做出用户需要的东西之前就垮了，而其中最常见的原因是他们资金短缺。开支最省几乎等同于不断地、快速地改进。而事实上，这一做法的重要性还不止于此。开支最省能够让企业保持活力，这一点跟运动能让人保持活力是同一道理。"

节俭并不是丢人的事情，很多人常常怕自己没钱，而被人看不起，从而打肿脸充胖子，花钱装点面子工程，这是很没有必要的。人们从心里尊重的是那些物尽其用、有正确价值观和金钱观的人，而不是虚荣好面子的人。

自我批判是拯救公司最重要的行为

管理语录

从"烧不死的鸟是凤凰""从泥坑里爬出的是圣人"，我们就开始了自我批判。正是这种自我纠正的行为，使公司这些年健康成长。

满足客户需求的技术创新和积极响应世界科学进步的不懈探索，以这两个车轮子来推动公司的进步。华为要通过自我否定、自我批判，勇敢地拥抱颠覆性创新，在充分发挥存量资产作用的基础上，也不要怕颠覆性创新砸了金饭碗。

我们的2012实验室，就是使用批判的武器，对自己、对今天、对明天批判，以及对批判的批判。他们不仅在研究适应颠覆性技术创新的道路，也在研究把今天的技术延续性创新迎接明天的实现形式。在大数据流量上，我们要敢于抢占制高点。我们要创造出适应客户需求的高端产品；在中、低端产品上，硬件要达到德国、日本消费品那样永不维修的水平，软件版本要通过网络升级。高端产品，我们还达不到绝对的稳定，一定要用加强服务来弥补。

这个时代前进得太快了，若我们自满自足，只要停下脚步三个月，就注定会从历史上被抹掉。正因为我们长期坚持自我批判不动摇，才活到了今天。今年，董事会成员都是架着大炮“炮轰华为”；中、高层干部都在发表《我们眼中的管理问题》，厚厚一大摞心得，每一篇都是我亲自修改的；大家也可以在心声社区上发表批评，总会有部门把存在的问题解决，公司会不断优化自己的。

——任正非《逼自己改进，学“乌龟精神”》

管理智慧

无论是一个企业，还是一个团队，都需要一个好的领导，他可以不懂得专业知识，但一定要懂得承认自己的错误、承担责任。管理者不要害怕承认错误会丢面子，其实自我批评是帮助自己成长的很重要的做法。任何一个企业的管理者，都会遇到做出错误决策而令企业陷入危机之中的时刻，这个时候，不要觉得自己是企业的领导，是管理者，就不好意思承认自己错了，那样反倒会让企业走弯路。

任正非觉得自我批评是非常重要的，对公司发展很有帮助，所以，他定期召开的华为民主生活会有两个主题，就是批评和自我批评，其中，自我批评的成分要更多一些。因为任正非认为只有具备自我批评的精神，企业才能成长，员工才能成长。所以，华为的自我批评不是当意识到自己犯了错误时，偷偷在心里批评自己一下，也不是在部门进行自我批评，而是要在全公司众多同事面前，抛开脸面，进行自我批评。

关于“面子”问题，任正非有自己独到的认识，他说：“面子是无能者维护自己的盾牌，优秀的人，追求的是真理，而不是面子。只有不要脸的人，才会成为成功的人。要脱胎换骨成为真人。”

2000 年 9 月 1 日，华为召开了一场特殊的“颁奖大会”，参加这场“颁奖大会”的是华为几千名研发系统的员工，几百名研发员工一一被点名到主席台上领取“奖品”。他们领到的“奖品”是这些年来华为在研发产品的过程中，因为员工工作不认真、测试不合格等原因造成的报废品；还有一些人为因素造成的不必要的失误而导致的维修产生的费用单据；等等。

每个领到“奖品”的员工下台时，都会听到台下的嘘声，他们个个面红耳赤，感到非常不好意思。但任正非还要求他们将“奖品”带回家，放到客厅最显眼的位置，每天都看一看。任正非之所以组织这场“颁奖大会”，就是要在华为发动一场深刻的自我批评活动，任正非说：“只要勇于自我批评，敢于向自己开炮，不掩盖产品及管理上存在的问题，我们就有希望保持业界的先进地位，就有希望向世界提供服务。”

华为展开的自我批评都要“真刀真枪”地进行，不能点到为止，一定要一针见血，不要怕丢面子，剖析得越深越到位。自我批评能够让管理者和员工在问题初露时就意识到，从而能够将问题扼杀在萌芽中，对企业的发展有好处。

“高科技企业以往的成功，往往是失败之母，在这瞬息万变的信息社会，唯有惶者才能生存。”任正非认为经营企业就一定要有这种思想，因为在企业的经营管理中，难免会有这样或者那样的问题，如果不经常进行反省，很容易将这些问题放过。

“权威说”在中国一直很盛行，这就导致许多企业的管理者即使明知自己犯错了，也不会轻易低下头来承认自己的错误。其实，作为企业的管理者，面对自己的错误，如果不能主动承担责任，反而是想方设法地隐瞒，最终会使员工对他失去信心，影响企业的全局发展。

一个人之所以不会主动承认自己犯的错误，主要原因有两个：一是害怕承担责任，二是顾及自己的面子。任正非的过人之处在于，他从来不回避错误，犯错之后，他总能积极对待和分析，从错误中汲取经验教训，再一步步走向成功。任正非不但勇于自我批评，也要求华为人勇于自我批评，常做自我批评。

一个优秀管理者的责任感是极其重要的，企业面临困境时，只有其愿意走上前来，担起责任，问题才能得以圆满解决。犯错并不可怕，关键是我们应该用什么心态去面对错误。有的人能够正视错误并积极改正，因此可以不断进步。

有人曾做过分析并指出，“随时矫正自己的错误”是大多数成功者获得成功的最重要的一个原因，渴望成功、渴望改变现状的人，绝不会因为一个错误就止步不前，他必定会找出成功的契机，继续前进。因此，出现错误时，我们不应该因为好面子而掩饰它，而应该积极面对它，像有创造力的思考者一样了解它的潜在价值，然后把它当作垫脚石，从而产生新的创意，最终获取成功。

竞争迫使人创新，而合作让创新更有效

管理语录

这十年，也是西方著名公司蜂拥进入中国的十年。其实它们不仅是竞争者，更是老师与榜样。它们让我们在自己的家门口遇到了国际竞争，知道了什么才是世界先进公司。它们的营销方法、职业修养、商业道德都给了我们启发。我们是在竞争中学会了竞争的规则，在竞争中学会了如何赢得竞争。世界范围内的竞争者的进步和发展咄咄逼人，稍有松懈，差距就可能再次拉开；而且国内同行的紧紧追赶，使我们不敢有半点怠惰，客观上促进了我们的快速进步。既竞争又合作，是21世纪的潮流，竞争迫使所有人不停地创新，而合作使创新更加快速有效。我们不仅与国内竞争对手之间互相学习，而且与朗讯、摩托罗拉、IBM、TI等十几家公司在未来芯片设计中结成了合作伙伴关系，为构建未来为客户服务的解决方案共同努力。

——任正非《创新是华为发展的不竭动力》

管理智慧

俗话说："同行是冤家。"当一个企业遇到一个强大的竞争对手

时，相信大多数管理者都会绞尽脑汁地想去战胜它，根本不可能把它当作学习的榜样，然而任正非却是一个例外。

任正非一贯主张向优秀的企业学习，即使它是自己的竞争对手。因此，从创建之初，华为的发展就始终是放下架子、虚心学习的过程。通过学习，华为寻找到自己与优秀企业之间的差距，从而不断地弥补自己，逐渐发展壮大。

经过十多年的发展，到1998年，华为已经成为中国最大的电信设备制造商，但是任正非并没有自我膨胀，他清楚地认识到，华为目前所取得的成功只不过是在“中国非主流市场上打了一场小胜仗”，与西方那些成熟的跨国企业相比，华为并没有任何优势，因此华为必须向这些跨国企业学习，以取得更大的发展空间。

其实早在1992年，任正非为了了解世界顶级企业是如何管理的，就曾远赴美国、德国等西方国家进行考察，并走访了阿尔卡特、西门子等在行业中处于领先地位的跨国公司，学习他们的先进管理技术。1997年任正非又先后拜访了美国休斯公司、IBM、贝尔实验室和惠普四家公司，这些近距离的接触让任正非大为震撼，也带给他很多触动和启示。任正非清楚地认识到，华为与这些跨国企业之间的差距是多么巨大，因此经过深思熟虑之后，他开始对华为提出了一系列改造计划。从1998年开始，一场酝酿已久的变革在华为内部展开，所有华为员工开始进入全面学习西方经验、反思自身、提升内部管理的阶段。

对于华为为何要学习西方跨国企业的先进经验，任正非曾说：“纵观美国信息产业的兴亡史，令人胆战心惊。500年春秋战国如果缩到一天内进行，谁是英雄？巨大的信息潮，潮起潮落。随着网络技术与处理技术的进步，新陈代谢的速度会越来越快。因此很难再有盖棺论定的英雄，任何过路的豪杰都会对信息业的发展给予推动。我们应尊重他们，学习他们，批判地继承他们。”

对于优秀的竞争对手，华为也会学习其优点，努力提升自己。作为华为同城的竞争对手中兴通讯，曾经在很多领域与华为直接交手，甚至有的时候会争得你死我活，但是任正非看得更多的是中兴通讯的优势以及华为的劣势，他曾仔细分析过中兴通讯的优缺点，并号召所有华为人多向对手学习，以完善自己。任正非曾说：“中兴公司与我们同处深圳，朝夕相处，文化比较相近。中兴在‘做实’这个方面值得我们基层员工好好学习。华为在‘作势’方面比较擅长，但在‘做实’方面没有像中兴那样一环扣一环，工作成效没有它们高。”

正是因为任正非能够虚心向优秀企业学习，才提升了华为的竞争力，使得华为能够始终保持稳定的发展和旺盛的活力。在一篇文章中，任正非这样说道：“最近我写了两篇文章，在传播过程中引发了一些误解，我先通过你们解释一下：‘进攻是最好的防御’，是指进攻自己，逼自己改进，从而产生更大优势。当时是针对无线产品线的开放来说的，是针对汪涛说开放、简单后，大量的小公司也能做高、精、尖产品了，我们的优势会丧失来说的。

“将来的管道流量越来越大，流速越来越快，介质越来越多，网络只有变得越来越简单才能适应需要。我们在努力使网络变得简单的时候，降低了技术门槛，但商业门槛是否也被降低了呢？文章传出去后，有些媒体把文章标题改成‘反攻进入美国’，完全误解了原意。这次纠正过来，我们还是进攻自己。

“‘乌龟精神’是指乌龟认定目标，心无旁骛，艰难爬行，不投机、不取巧、不拐大弯，跟着客户需求一步一步地爬行。前面25年经济高速增长，鲜花遍地，我们都不东张西望，专心致志；未来20年，经济危机未必会很快过去，四面没有鲜花，还东张西望什么。聚焦业务，简化管理，一心一意地潇洒走一回，难道不能超越？”

在市场竞争的压力下，企业需要赶超的不仅仅是对手，更重要的是要超越自我，不断超越自我，才能一直处于不败之地。

2007年阿里巴巴成功上市之后，有记者曾问马云：“在阿里巴巴成功上市以后，您面临的榜样和对手是谁？”马云十分谦虚地回答：“其实我并不喜欢特别关注竞争对手，反而更喜欢我的榜样。在我看来，有很多值得阿里巴巴学习的榜样，如世界上最大的零售商沃尔玛、如顶尖的电子行业IBM、微软、谷歌等。阿里巴巴上市以后还会和以前一样，把大部分精力放在客户和榜样身上，只要对全国的电子商务行业有所帮助，我们势必会全力以赴。”

当发现eBay在全球C2C市场的实力以及对中国市场的窥视后，马云立刻选择其为主要的竞争对手，在学习、分析对方，弥补和完善自身之后，最终击败对手。

其实，对于手下败将eBay，马云并没有看轻它，而是心怀敬意。在一次答记者问时，马云就竞争这一问题做了以下的回答：“阿里巴巴没对手是很痛苦的，到处找，这个也是，那个也是，弄得自己很累。但是淘宝有对手，淘宝的对手是eBay，我们认为是伟大的eBay。你打拳碰到泰森，你可能会认为很倒霉，其实，你能够找到世界一流的对手，我认为是一件很好的事，如果你打球碰到乔丹，那是一辈子幸运的事，所以我觉得淘宝能够向eBay这样的对手学习，那是福气。”

华为和阿里巴巴的成功告诉我们，竞争并不仅意味着你死我活的对抗，更意味着多了一个学习的参照者和督促者，善于向竞争对手学习乃至向一切优秀者学习，不仅可以取长补短，完善自我，还能够最大限度地发挥自己的优势和长处，最终超越竞争对手，走向成功。

聚焦，才能找到更好的机会

管理语录

我们白手创业，过去几年时间已经走过了极端困难的道路，未来发展走向了比较正确的路，我们经历了这么多磨难，承受了这么大的压力，也锻炼了很多优秀干部。

我并不指望企业业务迅猛发展，你们提口号要超谁超谁，我不感兴趣。我觉得谁也不需要超，就是要超过自己的肚皮，一定要吃饱，你现在肚皮都没有吃饱，你怎么超越别人。我认为企业业务不需要追求立刻做大做强，还是要做扎实，赚到钱，谁活到最后，谁活得最好。华为在这个世界上并不是什么了不起的公司，其实就是我们坚持活下来，别人死了，我们就强大了。

所以现在我还是认为不要盲目做大、盲目铺开，要聚焦在少量有价值的客户、少量有竞争力的产品上，在这几个点上寻求突破。

我们在作战面上不需要展开得那么宽，还是要聚焦，取得突破。当你们取得一个点的突破的时候，胜利产生的榜样作用和示范作用是巨大的，这个点在同一个行业复制，你可能会有数倍的利润。

所以说我们要踏踏实实沿着有价值的点撕开口子，而不要刚撕开两个口子，就赶快把这些兵调去另外一个口子，这样的话你们就是希特勒，你们想占领全世界，你们分兵多路，最后就必然是死亡。

我还是要强调，企业网目前取得了一些胜利，但不要盲目铺开摊子作战，还是要聚焦在一定的行业、一定的产品范围内，越是在胜利的时候，越不能盲目行动。

我原来也讲过，你们中国区实现了盈利，我允许你们中国区拿一半的利润去开拓市场，去做新市场的补贴、开拓，但是要开拓有希望的市场，而不是送到最困难的地方去，你们可以采用这个扩张方法。

总的来说，我认为拳头握紧才有力量，分散是没有力量的。

——任正非《逼自己改进，学“乌龟精神”》

管理智慧

机遇的选择是很重要的，有的人因为抓住了机遇，从而柳暗花明，有的人因为放任机遇溜走，从而陷入困境。机不可失，时不再来，人生中很多机会只有一次，抓住了就能令人生大放异彩，抓不住只能黯然失色。

曾几何时，中国电信市场日新月异，你方唱罢我登场；如今，当时最具代表性的四大中国电信制造厂商也只有华为、中兴得以幸存，成为最终的王者，而能否抓住机遇，成为他们笑到最后的原因之一。

任正非曾经说过：“发展中的企业犹如一匹狼。狼有三大特性：一是敏锐的嗅觉，二是不屈不挠、奋不顾身的进攻精神，三是群体奋斗的意识。企业要扩张，必须具备狼的这三个特性。”这段话中的第一条“敏锐的嗅觉”，指的就是善于发现和把握机会。

在任正非的带领下，华为人屡屡敏锐地发现市场机会，并最终收获成功。在华为成立之初，任正非就敏锐地发现数字程控机具有无限美好的市场前景，因此他投入巨资进行研发，华为甚至一度出现资金链断裂的危险，但结果证明，任正非这步“险棋”走对了。1993年华为研制出自己的交换机——C&C08机，这是华为在通信设备核心技术方面的第一次突破，因为其价格比国外同类产品低三分之二，所以华为迅速占领了市场，到1998年，C&C08交换机全年销量达到1070万端口，成为国内最热销的程控交换机。

1995年，任正非在调研走访市场后，大胆预测3G应该是未来技术发展的前沿，因此华为投入巨资和人力进行3G研发。华为的这一举动备受非议，甚至被一些专家嘲笑为“战略失误”，而随后UT斯达康在小灵通上一战成名以及准确抓住小灵通商机的中兴通讯的成功似乎更加印证了华为倾尽全力研发3G的“可笑”。

然而，随着小灵通市场的饱和以及全球研发3G浪潮的开始，小灵通最终在2011年全部退市，走向消亡，而曾经备受质疑的3G逐渐成为市场的主流，这充分证实了任正非的前瞻性，华为再次抢占了先机。

1997年，有客户提出学生在校园里打电话不方便，任正非认为这是个商机，立刻命令研发部门进行研发。两个月后，华为推出201校园卡，市场反应热烈，很快推往全国。虽然华为只是在原交换机功能上改动了一点点，但就是这个小创新，使得华为先于其他公司抢占了40%的市场份额。

机遇对于一个人的成功来说非常重要，善于抓住机遇的人往往事半功倍，正是因为任正非能够步步抢先，所以才确保华为经过近三十年的风雨洗礼仍然屹立不倒，在变幻莫测的市场中始终保持旺盛的生命力。

同任正非一样，李嘉诚同样善于抓住机遇，这也是他在商海中获胜的重要法宝，在瞬息万变的信息中敏锐地捕捉到投资的方向，造就了他的神话传奇。

20世纪40年代中期，塑胶行业在欧美发达国家兴起，并因此带动了一股塑胶花热潮，李嘉诚这时果断地从自己非常熟悉且干得不错的五金行业抽身而退，转投到塑胶行业。1950年，李嘉诚创立长江塑胶厂，并开始大量生产塑胶花，最终在这股热潮的带动下，李嘉诚赚得了数千万元港币，他所创办的长江塑胶厂也一跃成为世界上规模最大的塑胶花生产工厂，李嘉诚因此也被称为塑胶花大王。

有很多人都紧随其后投入塑胶行业，一时间生产塑胶花的工厂如同雨后春笋般遍地开花，李嘉诚这时预感到这个看似兴隆的行业将来会出现很大的危机，因此他当机立断，放弃了当时还收益颇丰的塑胶花业，开始进军玩具行业。果然，没过多久，火爆的塑胶花业就由畅销转为滞销，那些跟风兴起的塑胶花工厂全都赔得血本无归，而这时的李嘉诚已经在玩具行业中赚得了数千万元港币。

1958年，香港的房地产业处于低谷，当时的香港地价下跌70%、房价下跌30%，许多生意人都对房地产业避而远之，但是李嘉诚却认为香港人多地少，房地产业的不景气只是暂时的，随着经济的逐步发展，房地产业在日后一定会大有作为，因此他投资百万元进军房地产业。几年过后，他购置的地皮都上涨了数百倍，而他也最终成为香港的地产大王。

一个人的失败源于他看不清什么样的机会对自己是最重要，他们总是想机会还是有的，等一等也不要紧。就这样，错过机会成了他们失败的理由，他们总在等下次机会，这样，永远也等不来机会。所以，在遇到合适的时机时，就应该立刻迎头去做，否则距离成功就总会有一步之遥。

让听得见炮声的人来决策

管理语录

谁来呼唤炮火，应该让听得见炮声的人来决策。而现在我们恰好是反过来的。机关不了解前线，但拥有太多权力与资源，为了控制运营的风险，自然而然地设置了许多流程控制点，而且不愿意授权。过多的流程控制点，会降低运行效率，增加运作成本，滋生官僚主义及教条主义。当然，因内控需要而设置合理的流程控制点是必须的。去年公司提出将指挥所（执行及部分决策）放到听得到炮响的地方去，已经有了变化，计划预算开始以地区部、产品线为基础，已经迈出可喜的一步，但还不够。北非地区部给我们提供了思路，就是把决策权根据授权规则授给一线团队，后方起保障作用。这样我们流程优化的方法就和过去不同了，流程梳理和优化要倒过来做，就是以需求确定目的，以目的驱使保证，一切为前线着想，就会共同努力控制有效流程点的设置。从而精简不必要的流程、精简不必要的人员，提高运行效率，为生存下去打好基础。

——任正非2009年1月，《让一线直接呼唤炮火》

管理智慧

军人出身的任正非总是习惯用军事术语来描述华为公司的运行，他所说的“一线炮声”，其实就是指来自以市场一线的客户需求，而“炮火”指的是华为的各种资源，任正非写《让一线直接呼唤炮火》，意思就是告诉华为的员工，要让真正了解客户需求的一线员工直接从总部配置人力、物力等资源，更好、更直接地为客户服务，满足客户提出的需求。

在2010年的新年献词中，任正非再次提到了这个观点：“我们在这困难的一年，同步展开了组织结构及人力资源机制的改革，改革的宗旨是，从过去的集权管理，过渡到分权制衡管理，让一线拥有更多的决策权，以适应情况千变万化中的及时决策。让听得见炮声的人来呼唤炮火，已让绝大多数华为人理解并付诸行动。我们确定了以代表处系统部铁三角为基础的、轻装及能力综合化的海军陆战队式的作战队形，培育机会、发现机会并咬住机会，在小范围完成对合同获取、合同交付的作战组织以及对重大项目支持的规划与请求，地区部重装旅在一线的呼唤炮火的命令下，以高度专业化的能力，支持一线的项目成功。

“地区部是要集中一批专业精英，给前线的指挥官提供及时、有效、低成本的支持。我们同时借用了美军参谋长联席会议的组织模式，提出了片区的改革方案。片区联席会议要用全球化的视野，完成战略的规划，并对战略实施进行组织与协调，灵活地调配全球资源对重大项目的支持。‘蜂群’的迅速集结与撤离的一窝蜂战术，将会成为新一年工作的亮点，并以此推动各地区部、代表处、产品线、后方平台的进步。今、明两年市场服务的组织变革，一定会促进我们成为全球最主流的电信解决方案供应商，也一定会提升竞争能力，形成利润能力，实现各级组织向利润中心为目标的组织及机制的转移和建设，并实现2010年销售额360亿美元的进步。明年我们将对研发等后方机构进行改革，以适应让听得见炮声的人来呼唤炮火的管理模式的转变。

“为了保证这种授权机制改革的运行，我们要加强流程化和职业化建设，同时加强监控体系科学合理的使用。IFS给我们的最大收益是，支持我们这种前线指挥后方的作战模式成为可能，随着大量有使命感、责任感的CFO被派往前方、前线，作战部队的作战会更加科学合理。为了实现我们的远大理想，我们要抛弃狭隘，敞开胸怀，广纳天下英才，以成功吸引更多有能力的人加入我们的奋斗队伍。我们要加强本地化建设，提升优秀员工本地化的任职能力。我们自身要英勇奋斗，不怕艰苦勇于牺牲，天将降大任于你们，机会对任何人都是均等的。对内我们要允许不同意见、不同见解的人存在，基层干部要学会善待员工，不要一凶二恶，我们选择更多的有成功实践经验的人加入各级管理队伍。只有我们的队伍雄壮，才会有伟大的成绩。”

著名管理专家和并购专家王育琨对任正非的经营理念进行了分析：“没有人比他更了解华为，没有人比他更了解自己。20年的打拼，为了保证资源的整体使用，他不得不集权；为了维护权威，又不得不从上到下设置一系列的控制点，由此形成了一个庞大的体系，这个体系曾经有效保证了政令的统一。可是，无形中却也削弱，甚至限制了一线的创造力。时过境迁，他渐渐地发现，解决问题不再是头等重要的事情，与庞大体系的协调才是重要的节点。一线为解决特定问题，要花掉三分之二以上的时间向上面争取资源。从一线摸爬滚打出来的任正非，意识到了一种深切的危机正在逼近，美国金融危机爆发让他惊醒。”

这些年，华为从一家小的民营企业发展到如今这么大的规模，成绩越来越显著，但问题也暴露了出来。任正非提道：“华为的官僚化虽还不重，但是苗头已经不少。企业缩小规模就会失去竞争力；扩大规模，不能有效管理，又面临死亡。”

对于华为这个拥有十几万员工的大企业来说，解决规模和效率的矛盾成了重中之重，如何能够在扩大规模的同时，不降低经营效率，这就需要管理者在管理方面提出解决办法了。任正非采取了向西方大公司学习的办法，加强了企业的管理模式。“数据流量越来越大，公司也可能会越来越大。公司可以越来越大，管理绝不允许越来越复杂。公司管控目标要逐步从中央集权式转向让听得见炮声的人来呼唤炮火，让前方组织有责、有权；后方组织赋能及监管。这种组织模式，必须建立在一个有效的管理平台上，包括流程、数据、信息、权力等。历经二十多年的努力，在西方顾问的帮助下，华为已经构建了相对统一的平台，对前方作战提供了指导和帮助。在此基础上，用五至十年的时间，逐步实现决策前移及行权支撑。”

当新机遇来临时，固守教条的就是傻瓜

管理语录

第二十一条：我们中、短期经营方向集中在通信产品的技术与质量上，重点突破、系统领先，摆脱在低层次市场上角逐的被动局面，同时发展相关信息产品。公司优先选择资源共享的项目，产品或事业领域多元化紧紧围绕资源共享展开，不进行其他有诱惑力的项目，避免分散有限的力量及资金。

我们过去的成功说明，只有大市场才能孵化大企业。选择大市场仍然是我们今后产业选择的基本原则。但是，成功并不总是引导我们走向未来的可靠向导。我们要严格控制进入新的领域。

对规划外的小项目，我们鼓励员工的内部创业活动，并将拨出一定

的资源，支持员工把出色的创意转化为顾客需要的产品。

第二十二条：我们的经营模式是，抓住机遇，靠研究开发的高投入获得产品技术和性能价格比的领先优势，通过大规模的席卷式的市场营销，在最短的时间里形成正反馈的良性循环，充分获取“机会窗”的超额利润。不断优化成熟产品，驾驭市场上的价格竞争，扩大和巩固在战略市场上的主导地位。我们将按照这一经营模式的要求建立我们的组织结构和人才队伍，不断提高公司的整体运作能力。

在设计中构建技术、质量、成本和服务优势，是我们竞争力的基础。日本产品的低成本、德国产品的稳定性、美国产品的先进性，是我们赶超的基准。

第二十三条：我们坚持“压强原则”，在成功关键因素和选定的战略生长点上，以超过主要竞争对手的强度配置资源，要么不做，要做就极大地集中人力、物力和财力，实现重点突破。

在资源的分配上，应努力消除资源合理配置与有效利用的障碍。我们认识到对人、财、物这三种关键资源的分配，首先是对优秀人才的分配。我们的方针是使最优秀的人拥有充分的职权和必要的资源去完成分派给他们的任务。

第二十四条：我们重视广泛的对等合作和建立战略伙伴关系，积极探索在互利基础上的多种外部合作形式。

第二十五条：华为向顾客提供产品的终身服务承诺。

我们要建立完善的服务网络，向顾客提供专业化和标准化的服务。顾客的利益所在，就是我们生存与发展的最根本的利益所在。我们要以服务来定队伍建设的宗旨，以顾客满意度作为衡量一切工作的准绳。

——《华为公司基本法》

管理智慧

在经营企业的时候，管理者要步步小心，一步走错就可能将企业带入弯路，给企业的发展造成不好的影响，所以，很多企业的管理者在经营企业时，喜欢用别人成功的经验，觉得这样可以省时省力。对于好的经验，任正非自然是觉得重要，可以搬过来用的；但对于坏的经验就要小心了，经验不能全信，对于成功的经验和方法，一定要抱着怀疑和警惕的心理。

在瞬息万变的市场中，优秀的企业管理者知道成功的经验不是永远管用的，会与时俱进地修正经验，而不懂变通的管理者不能看到市场的新变化，还在死死抱着“成功的经验和模式”不放，故步自封，最后只能被市场淘汰。

华为拟定的《华为公司基本法》作为华为的总纲领成了华为走向成功的基础，华为花了很多年时间拟定了这部规章制度，让其帮助华为在发展中不断规范化、不断创新，但是发展至今，任正非认为《华为公司基本法》有些内容已经不适合华为今时今日的发展了，他说：“当外部环境发生变化的时候、当新的机遇来临的时候，谁固守《华为公司基本法》的教条，谁就是傻瓜。”

《华为公司基本法》的转变源于华为的战略转变，华为在1996年开始了全球化进程。任正非在考察国际市场的时候，将目光锁定在国际化公司的管理体系。在那两年，他先后访问了很多国际化的大公司，在和那些大公司接触的时候，任正非意识到，《华为公司基本法》的模式已经跟不上时代发展的脚步了，不能跟全球化的大公司进行很好的对话。所以，有必要对《华为公司基本法》进行一下改动。

盛大网络的创始人陈天桥说：“当每天收入达到100万元的时候，我觉得它是诱惑，它可以让你安逸起来，让你享受起来，让你能够成为土皇帝。当时我们只有30岁左右，急需一个人在身边鞭策，就像唐僧去西天取经一样，到了女儿国，有美女、有财富，你是停下来还是继续去西天？我们希望有人在边上不断督促：你应该继续往你取经的地方去，这才是你的理想。”

任正非对陈天桥的这番话很是认同，作为企业的管理者，在新机遇来临的时候，就要大胆做出改变，不能总是固守教条，那样会很不利于企业的发展。在与时俱进的当下，企业只有不断改进才能获得更多机会，得到更大生机。从2005年开始，华为就提出了很多与《华为公司基本法》大相径庭的主张，无论是在制度管理上，还是经营理念上，华为都开始走上了新的道路。

作为企业的管理者，要有自己明确的见解和判断，而不是一味地依赖别人那些成功的案例，或者去模仿市场上其他成功企业的管理方式和经营模式。当然，并不是说借鉴成功的管理方式不对，而是，如果不加以自己的分析和实践，就去按照别人成功案例的内容盲目生搬硬套，很可能会吃大亏。

1992年，巴黎市郊区马恩河谷镇的迪斯尼乐园开张了，作为欧洲第一个迪斯尼乐园，打造这个乐园耗资440亿美元，占据了巴黎以东2023公顷的土地，非常豪华，内部有6家宾馆，宾馆里房间众多，有好几千个，都打造得很豪华漂亮。虽然投资巨大，但迪斯尼的经营者却并不担心，他们认为这些投入一定可以在后期赚回来，因为他们看到乐园开放的第一年就至少会有1100万欧洲人光顾其中，这样算下来，用不了几年，本钱就回来了。

但是让他们没有想到的是，事情没有按照他们预想的那样发展，游乐园不断亏损，到了1993年年底，游乐园累计的损失高达60.4亿法郎，令游乐园陷入了资金周转极度困难的境地。这是游乐园的经营者最初没有想到的，他们只看到了迪斯尼的魅力和吸引力、看到了巨大的游客量，但却忽视了欧洲的地域特征和欧洲人对美国文化的抵制性。

企业的管理者千万不要犯“经验主义”的错误，生意市场千变万化，以往的经验未必适用于当下的情况，如果一味地惯用经验，下场就是死亡。任正非知道在企业的经营管理中，“经验主义”害死人，只有时刻根据新的境遇来调整战略，才能赢得“生机”，墨守成规只能是“死路一条”。

延伸阅读：加强合作，走向世界
——在深圳华为通信股份有限公司与云南电信器材厂通信电源合作签字仪式上的讲话

感谢大家光临今天这个签字仪式。今天的合作是一个优势互补的合作，我参观了云南电信器材厂，觉得他们实力很强。华为在科研上有一些实力，所以我们之间的合作将推动共同发展，不仅仅局限在电源的合作上，还会延伸到其他方面。

八年来，华为走过了艰难的奋斗历程，已渐渐成熟，成为高科技企业。我们现有员工两千多人，绝大部分受过高等教育，硕士、博士生占百分之六十以上，而且每年都要在国内名牌大学选拔毕业生。虽然我们也存在不少困难，但是，有各位的支持、有广大用户的支持，我们信心较大，会有较快的发展。

我们将大规模地推出新技术、新产品，包括今天我们介绍的产品

HONET用户光纤接入网在内，在3月16日邮电部组织的用户接入网研讨会上，我们汇报了我们的产品，当时参加的有AT&T、爱立信、诺基亚、富士通等五个公司，电总评价，适合中国市场的，华为是第一。

在下一步的发展中，我们已制定了第二次创业规划，我们将在科研上瞄准世界上第一流的公司，用十年的时间实现国际接轨，这个目标我们分三步走，三年内生产和管理上实现国际接轨，五年内在营销上实现国际接轨，十年在科研上实现国际接轨。这里，我要说的是，我们所谓的营销国际化，不是在国外建几个工厂，把产品卖到国外去就够了，而是要拥有五至六个世界级的营销专家，培养五十至六十个指挥战役的“将军”，我们现在正在建设一个较大规模的工厂，厂房的长度是300米，宽度是180米，总面积达13万平方米。我们已投资1000万元人民币引进MRPⅡ的软件，这个管理软件通过我们一到两年的消化和提高，将使我们的企业管理水平和生产管理水平达到国际水准。同时，投资2.5亿元，引进先进的加工生产设备，引进与研制相结合的各种调测设备。

跨过这个世纪后，我们的工业产值将超过百亿。

我们这次与云南省的合作，就是一种利益均沾的方式。回顾我们这些年来走过的道路，我认为我们就是本着真诚、互利的合作态度，所以我们的合作伙伴越来越多，我们的销售额也越来越大。我们感谢云南省的各位领导、各位专家给予我们这次机会，感谢这些年在我们艰苦奋斗的过程中给予的支持和帮助。没有你们的帮助，没有你们给我们提供的利润，我们不可能在科研上有大的投入，也不可能有这样的状况，更不可能取得什么小小的胜利。与电信器材厂的这次合作只是迈开合作的第一步，希望将来我们在云南会有一个比较好的中等规模的工厂。谢谢大家！

第五章

企业文化管理：不认同华为文化的员工，是很难在华为工作的

一个企业长治久安的基础是接班人认同公司的核心价值观，并具有自我批判的能力。一个企业怎样才能长治久安，这是古往今来最大的一个问题，包括华为的旗帜还能打多久，不仅社会友好人士关心，也是我们十分关心并研究的问题。华为在研究这个问题时，主要研究了推动华为前进的主要动力是什么，怎么使这些动力能长期稳定运行，而又不断自我优化。

——任正非

唯有文化才会生生不息

管理语录

华为公司认为资源是会枯竭的，唯有文化才会生生不息。这里的文化不是娱乐活动，而是一种生产关系。我们公司一无所有，只有靠知识、技术，靠管理，在人的头脑中挖掘出财富。我们一定要让员工有危机意识。

这一点是我在阿联酋考察时的所得。阿联酋作为一个沙漠里的小国，和以色列一样非常伟大，他们把石油业所得资金转化为一种民族文化，让全民族的人都到英国、美国等世界各国接受良好教育，通过这种不断的循环，用100年的时间，成为非常发达的国家，事实也正是这样。全世界最漂亮的城市就在阿联酋。在沙漠里面完全是用淡化海水浇灌出的花草，房子的建设等各方面都非常漂亮。以此为基础，在两个小时的飞机行程、七天汽车行程为半径的范围内形成了经济圈，印度和巴基斯坦都在这个圈内，以自己为中心建一个商业中心作为中转港，自己称为中东的香港。现在阿联酋的商业收入与石油相比已占国民收入的40%，继续这样发展下去，当石油枯竭时，他们绝不会再去赤日炎炎的沙漠放羊。正像孙亚芳副总裁在以色列的感受，想想我们与以色列相比，我们的自然资源不知要好多少倍。以色列能在一亩地上产35吨西红柿，我们如果能每亩生产3.5吨就已经很了不起了。

以色列国在两千多年前被人家占领了，犹太民族迁徙到世界各地。但犹太文化保存下来了，而且生生不息。结果两千年后，犹太民族又在原来的地方重建了自己的国家。

——任正非1998年6月22日，《华为的红旗到底能打多久》

管理智慧

对每个进入华为的新员工，任正非都希望他们认识到华为文化的重要性，他对他们说："一个高新技术企业，不能没有文化，只有文化才能支撑其持续发展。华为的文化就是奋斗文化，我也不能形象地描述什么叫华为文化，我看了《可可西里》的电影以及残疾人表演的《千手观音》，我想他们的精神就叫华为文化吧。对于新员工来说，要融入华为文化需要一个艰苦的过程，每一位员工都要积极主动地、脚踏实地地在做实的过程中不断地去领悟华为文化的核心价值，从而认同直至消化、接纳华为的价值观，使自己成为既认同华为文化又能创造价值的华为人；只有每一批新员工都能尽早地接纳和弘扬华为文化，才能使华为文化生生不息。"

一个企业的文化只能有一个。企业文化是企业发展的根基，是管理者在管理企业过程中提出来的，是约束和倡导企业员工行为的，一个企业想要提高竞争力，就要推动企业内部的良性发展，而良好的企业文化则是企业发展的良剂。在中国的企业中，海尔公司是实施文化管理模式比较成功的企业，海尔公司运用的是激活"休克鱼"的做法，树立了中国公司文化管理的一个典范。海尔公司在发展壮大的过程中，不断地兼并其他公司，但那些被兼并的、运营不利的公司，在被海尔“收”了之后，总能顺利地起死回生，海尔能做到这一点，就要归功于海尔的企业文化了。

在海尔刚兼并红星电器厂的时候，红星电器厂已经严重亏损，但是海尔的管理人员进入红星电器厂管理后，第二个月就开始盈利了。海尔并没有对红星电器厂投入人力、财力，或是厂房、设备，海尔投入的不过是企业文化罢了。通过企业文化对红星电器厂的影响，令红星电器厂活了过来。

企业文化是公司的土壤，想让一个公司活得更茁壮，就要让这片土壤更加肥沃，企业文化不是宣传口号，是根植于企业流程、制度、政策、员工和管理者的思维模式和行为模式之中的。任正非一直强调：“华为文化的特征就是服务文化，谁为谁服务的问题一定要解决。服务的含义是很广的，总的是为用户服务，但具体来讲，下一道工序就是用户，就是您的上帝。您必须认真地对待每一道工序和每一个用户。任何时间、任何地点，华为都意味着高品质。希望您时刻牢记。”

《华为公司基本法》起草者之一的吴春波教授认为：“过去华为讲奉献，讲床垫文化，讲营销，讲狼文化，讲内部，讲服务文化，所有这些表现，最后都会找到一个企业文化的核心，那就是高绩效文化。”吴春波教授认为高绩效能够支撑企业持续发展，给客户带来效益，给员工带来利益。

任正非认为，作为管理者，尤其是高层管理者，如果只懂得如何挣钱，而不懂得如何建设企业文化，那就无法做好真正的企业管理。他说：“当一个中、高层管理者，脱离华为文化背景去抓组织建设、制度建设和文化建设时，就是搞山头主义，在华为管理机制中形成逆向反馈，妨碍华为事业的发展。当一个中、高层管理者，以华为公司核心价值观去营造部门文化，去抓组织建设和制度建设，就能推动华为事业的发展，这样的管理者就是焦裕禄式的合格的管理者。”

所以，任正非非常重视企业文化，他认为企业的文化不应当浮于表面，而应当深入企业精神之中，他希望员工能够融入企业文化中，所以，他也会对员工提出要求：“业余时间可安排一些休闲，但还是要有计划地读书，不要搞不正当的娱乐活动，为了您成为高尚的人，望您自律。要关心时事，关心国家与民族的前途、命运，我们以产业报国的方式去关心、去爱自己的国家。目前，在中国共产党的领导下，国家政治稳定、经济繁荣，这就为企业的发展提供了良好的社会环境，我们要十分珍惜。21世纪是历史给予中华民族的一次难得的振兴机会，机不可失，时不再来。21世纪究竟属于谁，这个问题的实质是国力的较量，国际的竞争归根结底是在大企业和大企业之间进行的。国家综合国力的增强需要无数大企业组成的产业群去支撑。一个企业要长期保持在国际竞争中的优势，唯一的办法便是拥有自己的技术。当华为拥有知识产权的产品以强劲的竞争力冲出亚洲、走向世界的时候，它代表着一个国家向全世界展示：中国不但过去曾是文化科技大国，今天、明天、后天……还会再创辉煌。”

《华为公司基本法》要融于每一个华为人的行为和习惯中

管理语录

我们在进行第二次创业活动，从企业家管理向职业化管理过渡。我们正在进行《华为公司基本法》的起草工作，《华为公司基本法》是华为公司在宏观上引导企业中长期发展的纲领性文件，是华为公司全体员工的心理契约。

要提升每一位华为人的胸怀和境界，提升对大事业和目标上的追求。每个员工都要投入到《华为公司基本法》的起草与研讨中来，群策群力，达成共识，为华为的成长做出共同的承诺，达成公约，以指导未来的行动，使每一个有智慧、有热情的员工，能朝着共同的宏伟目标努力奋斗。

使《华为公司基本法》融入每一个华为人的行为与习惯中，我们正在强化业务流程重整的力度，用ISO9001来规范每一件事的操作，为后继的开放式网络管理创造条件；用MRPII管理软件，将业务流程程式化，实现管理网络化、数据化，进而强化我们公司在经营计划（预算）、经营统计分析与经营（经济）审计方面的综合管理。我们正在深入进行组织改革、企业文化教育。大量的优秀人才正在成长，优秀的老员工正在加紧学习，强化管理层和员工内部竞争机制，你追我赶的热潮正在进行。由莫贝克开始招考基层干部后，生产总部也在实施招考，市场部较大规模地推出新建职位的考选计划、一场由人们竞投基层职位的有益活动正在兴起，它深化了我们组织改革的内容，是华为人才辈出、欣欣向荣的一个侧面。同时我们正在引入外国工程人员到我公司工作的计划，为两三年后进入世界市场做好准备。这对我们的人力资源是一个大的挑战。

——任正非1996年6月30日，《再论反骄破满，在思想上艰苦奋斗》

管理智慧

想要提升企业内部全体员工的思维方式和行为方式，单纯地靠管理者开一两次动员大会，或者靠一些文件的传达来令员工认同并贯彻企业的文化，这样的做法是不见得有什么成效的。任正非认为想让员工彻底认同企业的文化，就要先让员工认同企业的管理。华为的管理是出了名的“狼性”，非常严格。

2006年，华为一位员工自杀的事件，将华为的企业文化推向了风口浪尖。那名员工在华为的发展一直很不错，收入颇丰，职位也有上升空间，但他常年在海外工作，等到回国的时候，他发现自己的女朋友背叛了他和别人在一起了，这让他受到了不小的打击。再加上女友的亲戚朋友对他也不是很认可，这让这位员工的心理压力越来越大，因为没有得到及时疏导，在一个绝望的日子，他从自家阳台上纵身跃下，结束了年轻的生命。

事情发生之后，很多人都认为这位员工是工作压力太大，华为企业给员工的负荷太重，才导致了这位员工自杀。在这之后，华为又出现了两起员工自杀的事件，外界便开始盛传华为员工自残、患抑郁症的人很多，这让任正非不胜其扰，他在给华为党委成员的一封信中写道：“华为不断地有员工自杀与自残，而且员工中患抑郁症、焦虑症的不断增多，令人十分担心，有什么办法可以让员工积极、开放地面对人生？我思考再三，不得其解。”

华为的企业文化提倡艰苦奋斗，提倡全体勇于拼搏的精神，华为从1997年开始强制实施国际化的管理模式后，经过十多年的磨合，在管理的方方面面，基本都落实了国际化的管理模式，但是毕竟华为是中国人创办的企业，企业内的员工也是以中国人为主，员工们的思维模式是中国传统的文化模式，所以，华为的企业文化就会和员工的思维模式发生碰撞和摩擦。

这是很正常的，华为遇到了种种问题，是因为华为在发展的道路上走得有些超前，出现了员工自杀、看不开这样的问题，在一定程度上说明华为在国际化过程中有些工作没有做好，比如对员工的心理缺乏关注，对员工的承受力考虑得不到位，对员工的综合素质没有做好估量，等等。

任正非认识到，浮于表面的企业文化对员工产生不了什么影响力，真正的企业文化要能够融入每一个华为人的行为和习惯当中去，他说道："未来信息产业将越来越大，越来越复杂，管理不开放是越来越不可能了。我们不能回避矛盾，必须积极开展管理上的创新，去迎接未来的机会与挑战。每个员工从现在起，就必须做出真心实意的承诺，脚踏实地，一步一个脚印，一点一滴，循序渐进，努力改进我们的管理，提高我们管理的能力与有效性。只有这样，我们才能到达成功的彼岸。行政管理是综合评价，责任管理是参数评价。逐步探索出对员工工作的评价体系，有利于大大提高效率。"

"任何时候、任何处境都不要对生活失去信心。"任正非对员工是抱有这样的希望的。

拼搏的路虽然艰苦，但苦中有乐

管理语录

不要为我们有没有互联网精神去争论，互联网有许多好的东西，我们要学习。我们有适合自己发展的精神，只要适合自己就行。我强调的是，我们为信息互联的管道做"铁皮"，这个世界能做"铁皮"的公司已经有两三家了，我们也处于优势，不要总羡慕别人。

现在我们很多员工，一提起互联网，就不断地说："我们不是互联网公司，我们一定要失败。"他们没有看到，能做太平洋这么粗管道"铁皮"的公司已经没几家了，我们一定是胜利者。

所以要坚定信心，华为是不是互联网公司并不重要，华为的精神是不是互联网精神也不重要，这种精神能否使我们活下去，才是最重要的。

有员工在公司心声社区贴了一篇外面评论家的文章，主要说若华为不能持续盈利，虚拟受限股就是泡沫，终会破灭。这篇文章讲的是一个真理。因此，华为要加强改进自己，聚焦战略，简化管理，去除冗员，淘汰落后，才能不断地激活自己。不过上市公司不盈利，也要垮掉，不上市的公司不盈利也不能发展，我们没有不同于别人的命运，唯有多努力。

——任正非《逼自己改进，学"乌龟精神"》

管理智慧

艰苦奋斗是中华民族的优良传统美德，也是企业战胜困难、实现目标、走向胜利的法宝。一个企业在创业和困难时期，缺乏艰苦奋斗的精神，注定会走向消亡；一个企业在发展和兴盛时期，缺乏艰苦奋斗的精神，也必定会使员工产生惰性，导致企业衰败。

在华为，艰苦奋斗精神一直是所有员工提倡并身体力行的行为准则。在《天道酬勤》这篇文章中，任正非写道："拼搏的路虽然艰苦，但苦中有乐，乐在其中。当复杂的3G网络芯片一次投片成功时；当新机器打通电话，机器上的信号灯如繁星般闪烁时；当我们翻山越岭，克服高原缺氧，为西藏最后一个不通电话的墨脱县实现了通话，藏族同胞载歌载舞，献上洁白的哈达时，我们为之欢呼雀跃，欢乐抚平了多少个日日夜夜奋斗在我们额头上刻下的皱纹。我们使最封闭的山村一步跨入了现代文明世界，使世代穷苦的村民借助现代通信手段改变了自己的命运。即便是我们为某个非洲国家安装通信网络设备而长途颠簸，顶着赤道的烈日，走戈壁，穿沙漠，但这种经历未必不是值得津津乐道的人生体验，更不要说非洲小男孩，有生第一次通过我们的无线网络与外部世界通话时脸上欢快而惊奇的表情，那时我们心头洋溢的是自豪与喜悦。”

1988年，任正非从部队退伍之后，与同伴们一起创办了华为，开始了艰苦的创业过程。在创业之初，当华为自主研发的设备刚出来时，为了让更多客户了解华为的产品，华为人开始四处奔波。在一个寒冷的冬夜，华为的销售人员在等了八个多小时，终于等到了客户时，赶紧迎了上去，刚张口说了一句：“我是华为的……”就眼睁睁地看着客户被一家著名公司的人给接走了。

这种挫败感在华为创业初期时常发生，但任正非认为越是这样，越要乐观对待，挺过去，不能放弃。就这样，在创业初期，华为凭借着艰苦奋斗的精神，渡过了一个又一个难关，取得了一个又一个成功。

当华为获得高速发展，经济效益有所好转的时候，任正非并没有忘记那些在华为创业初期曾为公司奉献自己、牺牲自己的员工，他给予这些员工良好的工作环境和丰厚的物质补偿，并稀释自己的股份来奖励这些奋斗者。任正非曾说：“我们是会富裕起来的，生活、工作环境都会逐渐有较大改善。我们要从管理上要效益，从管理效益中改善待遇。我们不断推行严格、科学、有效的管理，要逐步减少加班，使员工的身体健康得到保障。有健康的身体，才有利于思想上艰苦奋斗。我们要对早期参加工作而损害了健康的员工，有卓越贡献而损害了健康的员工，担子过重而健康不佳的高、中级干部提供好的疗养条件，使他们恢复健康。百年树人，不能因一时的干旱，毁坏了我们宝贵的中坚力量。我们已走出了困境，我们有条件帮助历史功臣，我们永远不会忘记他们的功勋。”

但是，在度过了最艰苦的创业阶段后，并不意味着所有员工都可以松懈下来，享受胜利果实，任正非并没有忘记艰苦奋斗的精神，因为他知道，不懂得艰苦奋斗精神的团队注定是失败的，坚持艰苦奋斗的作风是华为能够发展、成功的关键。因此他时刻提醒所有华为员工，要牢记艰苦奋斗，身体力行。任正非曾说：“我们会不断地改善物质条件，但是艰苦奋斗的工作作风不可忘记，忘记过去就意味着背叛。我们永远强调在思想上艰苦奋斗。思想上艰苦奋斗与身体上艰苦奋斗的不同点在于：思想上艰苦奋斗是勤于动脑，身体上艰苦奋斗只是手脚勤快。我们要提拔重用那些认同我们的价值观，又能产生效益的干部。我们要劝退那些不认同我们的价值观，又不能创造效益的人，除非他们迅速转变。”

华为的成功告诉我们，艰苦奋斗精神是企业潜在的巨大资源，是一笔不可估量的宝贵精神财富，因此一个成熟的管理者应该倍加珍惜，任何时候都不能丢弃。现在，通过艰苦奋斗，华为有了巨大的成就。任正非表示：“我们的劳动不仅改变了人们的生活，增进了人们的沟通，而且也一天一天地充实着我们自己，丰实着我们家人的生活，也在一年一年地改变我们自己的生活。我们在分享劳动果实的同时，又增加了对未来的憧憬，这些在慢慢地加深着我们对劳动本身的体悟和认识。热爱劳动不仅仅是美德，劳动中的人也是美的，在劳动中能品尝到愉悦甚至幸福。当看着我们贫瘠的土地变成了绿洲，当看着事先连想都不敢想的、代表着现代文明的成果在我们勤劳的双手中不断地创造出来时，这种心情是无论用什么语言都难以表达的，真可谓天道酬勤，一分耕耘，一分收获。”

不要努力去做完人，要做对社会有益的人

管理语录

金无足赤，人无完人。我不希望大家去做完人。大家要充分发挥自己的优点，做有益于社会的人，这已经很不错了。我们为了修炼做完人，磨去了身上许多棱角，自己的优势往往被压抑了，成了被驯服的工具。但外部的压抑并不会使人的本性完全消失，人内在本性的优势，与外在完人的表现形式，不断地形成内心冲突，使人非常痛苦。我希望把你的优势充分发挥出来，贡献于社会，贡献于集体，贡献于我们的事业。每个人的优势加在一起，就可以形成具有“完人”特质的集体。

我的缺点和劣势是明显的。我在大学时期，没能参加共青团，通不过呀。我是优点很突出、缺点也很突出的人，怎么能通过呢？我并不埋怨任何人，他们指出的确实是我的不足。我们公司以前有位员工，已经到美国去了，他走的时候跟我说，你这个人只能当老板，如果你要打工，没有公司会录用你。

我在人生的路上自我感觉是什么呢？就是充分发挥自己的优势。比如我英文不好，是现在不好，但是不等于我外语能力不行，我在大学可是外语课代表，我那时还自学了英语、日语，都能简单交流，看书了。但后来为什么不行了呢？20年军旅生涯没使用这个工具，就生疏了。当

走向新的事业的时候，虽然语言对我很有用处，但我发现我身上最主要的优势是对逻辑及方向的理解，远远深刻于对语言的修炼。如果用很多精力去练语言，可能对逻辑的理解就会弱化。我放弃对语言的努力，集中发挥我的优势，这个选择是正确的。对于我来说，虽然英文好，可能我在人们面前会挺风光的，但是我对社会价值的贡献完全不一样了。我就放弃一些东西，集中精力充分发挥我的优点。我确实注重于重要东西的思维，可能忽略了小的东西。小的东西不等于不需要重视，但我确实没有注意。

在人生的路上，我希望大家不要努力去做完人。一个人把自己一生的主要精力用于改造缺点，等你改造完了对人类有什么贡献呢？我们所有的辛苦努力，不能对客户产生价值，是不行的。从这个角度来说，希望大家能够重视自己优点的发挥。当然不是说不必改造缺点。为什么要讲这句话呢？完人的心理负荷太重了，大多数抑郁症患者，包括精神病患者，在社会中是非常优秀的人，他们绝不是一般人，一般人得不了这个病，就是因为太优秀了，自己追求的目标太高了，这个目标实现不了，而产生了心理压力。我不是说你不能做出伟大的业绩来，我认为最主要的是要发挥自己的优势，实现比较现实的目标。这样心里的包袱、压力才不会太重，才能增强自己的信心，当然这个信心包括活下去的信心、生命的信心。希望各级组织在对党员进行教育的时候，不要过多关注缺点，多关注他人的优点。

——任正非2008年在党员座谈会上的发言

管理智慧

世界上没有十全十美的人，一个人有优点，自然也会有缺点；有长处，自然也有不足之处。任正非认为做完人是痛苦的，为了做别人眼中十全十美的完人，就要磨掉自身很多棱角，自身原本的优势也被磨平了。所以，一个人最重要的不是做完人，而是能够发挥出自己的优势。

对于企业来说，需要的是不同的人才，而不是千篇一律的“完人”，所以，任正非在建设企业文化时，并不要求员工成为什么都会做的人，而是要将自己的优势发挥到最好就可以了。一个员工可能外语不好，但是与人交流的能力强，那么就可以负责与客户沟通这方面的工作；一个员工可能研发技术水平一般，但是口才非常好，那么这个员工就可以做一些销售、营销方面的工作。只要员工能将自己的潜能和优势发挥出来，为企业做出贡献，那就是优秀的。

任正非认为在华为工作的员工，更要注重精神文化建设，他非常认可拿破仑的一句名言：“精神与物质的比重是三比一。”任正非说：“碳元素平行排列，可以构成石墨，非常松软；而若三角形排列，则可以构成金刚石，异常坚硬。”在很多资源的排列组合中，他也是更看重企业的文化建设的。

在关于员工的文化建设过程中，他总是强调：“大家要正确估计自己，然后做出对自己的正确判断，这样才能够充分发挥自己的作用。同时，要认识这个社会上差距是客观存在的。没有水位差，就不会有水的流动；没有温度差，风就不能流动；就算是机器人，机器人还有温差，对吧？人和人的差距是永远存在的。同一对父母生下的小孩，也是有差距的，更何况你们不同父母。当自己的同学、同事进步了，产生了差距，应该判别自己是否已经发挥了自己的优势，若已经发挥了，就不要去攀比，若没有发挥好，就发挥出来。”

任正非认为做对社会有益的人比做十全十美的人更加重要，华为人应当将努力的方向放在自己擅长的方面，而不是要努力去做八面玲珑的人，这是华为的企业文化中很重要的一个思想。

华为的企业文化来源主要有以下几个方面：一是国内外著名企业的先进管理经验和文化；二是中国传统国学文化精髓；三是在华为发展过程中所总结出来的管理思想精华。任正非认为企业文化是公司发展过程中累积下来的思想精髓，不是娱乐活动，一定要重视，要让企业的每个员工都深入了解。

现在，很多企业虽然也意识到了企业文化的重要性，但在落实企业文化时却往往是雷声大，雨点小。大多数企业还是一门心思在追逐商业利益，对于企业文化发展的这一方面没有做到足够的重视，企业文化如果没有做到位的话，企业就容易出现无的放矢的局面。华为的企业文化深入到了每一个细节，令华为人无时无刻不受到华为企业文化的熏陶。

改正错误，摒弃旧习，做一个无名英雄

管理语录

什么是英雄，人们常常用文艺作品、影视作品中的人物做参照物。因此，在生活中没有找到英雄，自己也没有找到榜样。英雄也普通，强渡大渡河的英雄到达陕北后还在喂马，因此，新中国成立初期，曾有团

级马夫的称谓。毛泽东在诗词中说过“遍地英雄下夕烟”，他们是农民革命军，那些手上还有牛粪，风起云涌投入革命的农民。他还在诗歌中说过“数风流人物，还看今朝”，在20世纪50年代公开发表时，“风流人物”是指当时社会主义建设时期的积极分子。什么是华为的英雄，是谁推动了华为的前进。不是一两个企业家创造了历史，而是70%以上的优秀员工，共同推动了华为的前进，他们就是真正的英雄。如果我们用完美的观点去寻找英雄，是唯心主义。英雄就在我们的身边，天天和我们相处，他身上就会有值得您学习的优点。我们每个人身上都有英雄的行为。当我们任劳任怨、尽心尽责地完成本职工作，我们就是英雄；当我们思想上艰苦奋斗，不断地否定过去；当我们不怕困难，越挫越勇，我们就是真正的英雄。我们要将这些良好的品德坚持下去，改正错误，摒弃旧习，做一个无名英雄。

我代表公司深深地感谢各条战线上涌现出来的英雄。没有他们的奉献精神就没有我们今天的事业。但是，我们也应当看到，英雄是有一定时间性的，今天的成功，不是开启未来成功之门的钥匙。要永葆英雄本色，就要不断地学习。戒骄戒躁，不断超越自我。我们呼唤英雄。我们要特别为从前方回来的员工提供更多的培训机会，改进培训手段，大力发展电化教学，使公司各种好的培训能普及到天涯海角。我们任何一个到前方去的技术与管理人员，都至少要抽一个小时在办事处讲一课。做不到这一点的，考核中的团结合作，就要打折扣。每一个市场人员，都要利用点滴时间自我培训，每天、每时，与每一个人打交道，您都是在受不同方位的培训，您不自觉罢了。我们提倡自觉地学习，特别是在实践中学习。您自觉地归纳与总结，就会更快地提升自己。公司的发展，给每个人都创造了均等的机会。英雄要赶上时代的步伐，就要不断地超越自我。市场部集体辞职展示的1000多名员工的高风亮节，要从你们的未来再次体现。

——任正非1997年演讲《什么是企业里的英雄》

管理智慧

众所周知，在这个世界上，军事化管理是效率最高和最具执行力的，它的许多管理模式和管理理念非常值得当代企业学习。正所谓商场如战场，只有在市场竞争中像带军队一样带员工，为企业注入军魂，才能培养所有员工过人的胆略、必胜的气势和顽强的意志，从而打造出一支坚决执行、忠诚敬业的优秀团队，带领企业走向辉煌。

任正非曾在军队中度过十几个春秋，长期的军旅生涯磨炼出他不屈不挠、雷厉风行的性格，在创建华为之后，他更是用军队的管理思想和管理方法来管理这个企业。

《西点军校领导魂》是任正非向华为培训中心推荐的第一本书，麦克·阿瑟将军要求西点军人始终坚持的三大信念“责任、荣誉、国家”被任正非修改为“责任、荣誉、事业、国家”，并要求所有华为员工必须永远铭记，在华为，军队文化已经渗透到华为的市场攻略、客户政策、竞争策略以及内部管理与运作中。

每一名进入华为的新员工，都要接受为期半个月的军训，学习华为的企业文化和核心价值观，所有员工被要求必须严格遵守华为的各项制度，在新员工培训纪律中有一条是“皮鞋、西裤、衬衫、领带一个都不能少”。从进入华为那天起，所有员工都会被仔细检查，不符合要求的会被要求立刻改正，有一些新员工习惯了T恤、七分裤这样的休闲装扮，认为这种强迫员工穿得正式的制度不合理，对于这种拒绝改正的员工，华为一律开除，没有丝毫商量的余地。

在华为，处处可以看到充满激情和战场气息的宣传资料，这些宣传资料字里行间跳动着诸如“活下去是硬道理”“狭路相逢勇者胜”之类的战争术语。每一次华为召开员工大会，都会号召大家在会前演唱《团结就是力量》《解放军进行曲》等革命歌曲。因为华为在召开员工大会时要求保持会场安静和整洁，所以在会议进行中不会听到手机铃声，会议结束后也不会见到遍地的垃圾。

在任正非主持的会议上，如果与会者在发言时不能够直奔主题，就会遭到他的训斥，每年任正非都会为华为定下一个在外人看来不可能实现的目标，可是让人惊奇的是，这些目标大多都顺利实现了。任正非不会花费很长时间去和员工讨论决策是否可行，你只需要无条件地执行，有困难可以提出来，公司会动用一切资源支持你，但是不能让困难成为你放手不干的理由。任正非认为，所有事情都有困难，光喊困难而不努力克服的人不是称职的员工或管理者。

正是靠着这种军队化管理，任正非带领着华为从1988年的2万元注册资本起步，然后像滚雪球一样进入快速上升通道，到2012年，华为在世界500强排行榜中排名第351位，营收高达350亿美元，作为全球第二大通信设备商的华为，已经成为民族产业的一面旗帜。

在美国流行这样一个说法：最大、最优秀的商学院，不是哈佛，不是斯坦福，而是西点军校。根据《美国商业年鉴》的资料显示，“二战”以来，西点军校一共为世界五百强企业培养出一千多名董事长以及五千多名总裁，而在世界五百强企业中，诸如沃尔玛、惠普、肯德基等近三分之一企业都引入了军队的管理思想。在中国，也有很多军人出身的企业家把军魂注入企业中，例如联想缔造者柳传志就曾说："企业成功跟我有一定的关系，但不是全部；这一定的关系之中，跟我在军队里养成的性格又有一定的关系。"

在联想，处处可以体现军队的管理思想。例如联想实行迟到罚站制度，在开会的时候，如果员工迟到的时间超过5分钟，那么你就不用参加会议了，等待接受处罚。如果迟到时间没有超过5分钟，那么你必须在门外罚站几分钟，然后再进入会场。作为规定的制定者，柳传志严格遵守这一规定，并以身作则。有一次因为电梯坏了，柳传志没有计算好时间而迟到三分钟。于是，柳传志按照规定站在门口，直到站够了规定的时间才走进会议室。

商战的竞争残酷不亚于兵战，向军队学管理，从军队借鉴管理经验，为企业注入军魂，是企业生存和发展的原动力和可持续发展的推动力，因为只有这样，才能提升企业的战斗力和竞争优势，确保企业走出一条可持续发展的健康坦途。

要有强烈的责任感

管理语录

公司的每一位员工，都要有强烈的责任感和危机意识。

有人说：我是打工的，我拿这份工资，对得起我自己。我认为这也是好员工，但是他不能当组长，不能当干部，不能管三个人以上的事情，因为他的责任心还不够。打工，也要负责任，在生产线出现的一个很小的错误，如果当场解决后，浪费的财产可能是1块钱；当我们把这个机器装到现场的时候，造成的损失至少是1000块钱。间接损失包括社会影响、包括客户对我们的不信任，这个损失绝不是1000块钱可以衡量的。这也损失了你涨工资的可能空间，因为利润已转化为费用，拿什么来提升？

总的来说，公司是希望不断地提高员工的收入，使员工有足够的收入更好地进行家庭建设。但是钱从哪儿来呢？只有从提高效益中来。要按照公司总的增幅、总的利润的增长和降低成本目标来定出工资总额。所以如果我们的利润不能再增长，我们的收入也就不能再增长。只有大家提高自己的效益，使自己的工作有效性和质量达到高标准，才有可能把大家的待遇提高。因此我认为企业是要根据自己的效益来不断提高，去改善员工的生活。

——任正非1999年5月20日，《能工巧匠是我们企业的宝贵财富》

管理智慧

无论是对企业的管理者还是对企业的员工来说，责任心都是不可或缺的。没有责任心的人是不可能成长为企业中合格的职业人的，对企业来说，员工的责任心就是企业的核心竞争力。任正非清楚地知道，对企业来说，老板再有能力，再有责任心，如果员工自由散漫，工作中一点也不负责任，那么这家企业的未来是不会好到哪里去的。

比尔·盖茨曾说过这样一段话："我不是在为金钱工作，钱让我感到很累。工作中获得的成就感和体现出来的使命感才是我真正在意的。"那么，什么是使命感呢？其实，简单来说，它是一种责任、一种信念，更是一种锲而不舍，努力进取的追求精神，世界上大部分成功企业都有自己的使命。例如，索尼公司的使命是“体验发展技术造福大众的快乐”，IBM公司的使命是“无论是一小步，还是一大步，都要带动人类的进步”，沃尔玛公司的使命则是“给普通百姓提供机会，使他们能与富人一样买到同样的东西”。

对于企业来说，让员工为了责任心而工作很重要，这样能更加激发出员工的潜力，而不是让员工只为了钱工作，那样工作会很没有成效。任正非要求华为的员工一定要有责任心，负责任是华为企业文化中的一部分。在《华为公司基本法》中写明：“认真负责和管理有效的员工是华为最大的财富。尊重知识、尊重个性、集体奋斗和不迁就有功的员工，是我们事业可持续成长的内在要求。”

1997年，华为一位市场总部秘书处主任，叫作杨琳，在海南旅游时不幸出车祸去世。消息传到公司时，任正非非常悲痛，他写了一篇文章悼念杨琳，其中特别提到了杨琳对工作的认真负责：“半个月前，她还在来自市场前线的汇报会上，代表一百多名秘书发言呢！她的音容笑貌还在我们脑海中萦绕，而现在香消玉殒了。杨琳什么时候来公司的，已记不清了，我本人几年来也没有与她说过几句话、谈过一次心。对她的了解来自每次评工资的标杆争论里，来自大大小小的各种会务准备过程中，来自她作为市场部秘书代表在汇报上的发言中。杨琳是出色的秘书，踏踏实实、不声不响、一点一滴地一直做到市场部秘书处的主任，管理了庞大、复杂、多变的市场服务体系。杨琳是尽心的管理人员，为加强秘书队伍的管理下了很大功夫，使得市场部秘书们在秘书大比武中获得了较好的成绩；她出面组织了市场部秘书处关于‘怎样做一名好秘书’的演讲比赛；定期对秘书文档的检查评比、规范，都收到了很好的效果。”

在华为创业初期，条件非常艰苦，因为组织架构很不健全，秘书处的工作非常繁忙烦琐，杨琳她们处理的工作量特别大，每天都是起早贪黑地忙碌，但杨琳从来没有半点懈怠，一直都是尽心尽职，将工作完成到最好。

所以，华为对杨琳的工作做出了很大的肯定：“公司创业初期，是十分艰难的。工资很低，组织不健全，使得有的干部工作十分繁重。杨琳所在的部门就是之一。我们那时的出版系统尚未健全，他们的几台复印机，就成了公司的印刷厂。公司排山倒海的市场宣传，就靠她们几十双小手在那儿频频翻舞。不停的展览会、推广会，秘书们比主管还要忙，会前、会后有多少无人知道的小事。与堆积如山的文件和用具相伴，起早贪黑地忙碌着。公司的秘书系统至今还没有出一位英雄，我想杨琳应该算英雄了吧。

“公司无论是市场部，还是中研部、中试部、生产总部以及企管部门，几百名秘书默默地奉献了她们的青春。我们的价值评价体系，由于前八年处在饥寒交迫时期，公司重点抓产品开发、市场拓展，对这两个方面的英雄尽管评价体系还不完善，总归有个评价。但秘书体系常被忽略，而且很难得到评价。渡过了创业的艰难，我们要均衡地建设公司，秘书们会得到正确评价，也会英雄辈出，而杨琳作为创业者却失去了这个机会。她作为无名英雄，永远被我们怀念。我建议熟悉她的人，把她的事迹写出来以教育后人，向她学习。”

企业的领导和员工是否具有责任感，对于企业的发展起着至关重要的作用。因为责任感给了人们做事的方向，是一切行为的出发点，企业在确定了自己的责任后，所有人都会把一切工作围绕着这个责任展开，这样的企业很容易获得成功。作为领导者，一定要激发全体员工的责任感，让他们为了企业的责任努力工作，而不是为了老板、为了企业，更非单纯为了薪水而工作。

靠诚信制度建立起互相信任的关系

管理语录

在华为公司，物质文明和精神文明是并存的。企业的发展不能以利益来驱动，君子取之以道，小人趋之于利，以物质利益为基准，是建立不起强大的队伍的，也是不能长久的。农民革命、个体户、一些小公司的一些经营行为都是以利益为驱动，这都是不能长久的。所以必须使员工的目标远大化，使员工感到他的奋斗与祖国的前途、民族的命运是连在一起的。为伟大祖国的繁荣昌盛，为中华民族的振兴，为自己与家人的幸福而努力奋斗。我们提倡精神文明，但我们常用物质文明去巩固。这就是我们说的两部发动机，一部为国家，一部为自己。

——任正非1998年6月22日，《华为的红旗到底能打多久》

管理智慧

诚信对企业的发展是至关重要的。企业不但要对客户诚信，对市场诚信，也要对自己的员工诚信，让员工能够百分之百地信任企业。任正非说道："如果我们企业内部不能够依靠诚信制度建立起互相信任的关系，企业就不可能有好的发展。”企业管理者和员工要有信任的基础，《第五代管理》的作者查尔斯·萨维奇说过：“怀疑和不信任是真正的成本之源。”所以说，管理者和员工之间如果没有诚信基础，彼此之间互相猜忌，会对员工造成心理压力，工作效率会降低。

企业发展越大，成员增加越多，彼此之间只有相互信任，才能协调工作，而信任是建立在诚信的基础上的，企业要有诚信的管理制度，管理者不能欺瞒员工，这样会让员工在心理上对企业产生隔膜，对工作不能够尽心尽力。

任正非希望华为人能够为公司的事业无私奉献，兢兢业业，不斤斤计较，这就是华为提出的企业文化中小胜靠智，大胜靠德的精神内涵之一。但如何让员工做到这一点，自然就需要管理者以身作则，管理者要将“德”放在企业文化的首位，要让华为人知道，在华为工作，企业是不会欺瞒员工的，但员工也不要试图靠小聪明来欺上瞒下，双方之间要彼此诚信、彼此信任。

任正非在《致新员工书》中写道：“华为十几年来铸就的成就只有两个字——诚信，诚信是生存之本、发展之源，诚信文化是公司最重要的无形资产。信息安全关系公司的生死存亡。员工在参与公司产品研发、生产、销售等过程中，一是不要侵犯了别人的知识产权，二是不要将公司的智力资产泄露出去甚至据为己有。诚信和信息安全作为对每个员工的最基本要求，任何人只要违反，都必将受到处罚。我们不赞成您去指点江山，激扬文字。我们以‘产业报国’的方式去关心、去爱自己的国家。希望您加速磨炼，茁壮成长，我们将一起去托起明天的太阳。”

很多企业管理者也非常重视这一点，阿里巴巴的掌门人马云就是如此，他曾经说过："必须信赖并关心员工。你的员工、你的团队是唯一能够改变一切的力量。员工是帮助你实现梦想的基础。大企业总是抱怨创新过程中所碰到的问题，它们不知道如何实现目标，原因是它们没有倾听员工的意见。它们把太多精力花在了股东身上。股东会给你很多意见，但是在执行过程中，他们却会离你而去。股东随时都在改变主意，但是你的员工却总是和你站在一起支持你。"

一些管理者在如何激励员工这一问题上，想到最多的就是物质激励，你做出多大的业绩，公司就会给你相应的回报，其实，物质奖励只能作为激励员工的次要条件，尊重、信任才是激发员工工作热情和创造性的首要前提。

1999年阿里巴巴刚成立的时候，当时作为元老的孙彤宇只是担任阿里巴巴投资部经理。为了确保抢在eBay之前进入C2C市场，赢得与eBay这场战争的胜利，2003年4月14日，孙彤宇以及其他八九名员工被请进马云的办公室。

在办公室里，马云拿出一沓写得密密麻麻的英文合同告诉这群年轻人，公司有一件秘密的任务要他们去完成，那就是快速创建一个C2C网站（也就是现在的淘宝网），如果不愿意做，现在可以离开办公室，如果愿意做，就在这份合同上签字，因为涉及机密，所以不管愿意与否，都不能向外人透露，包括自己的家人。

马云说完后，这群年轻人二话没说，都直接拿起合同，翻到最后一页，签上了自己的名字。

就这样，孙彤宇被任命为该项目的负责人，带领其他人来到阿里巴巴的发源地——杭州湖畔花园公寓，秘密建设起淘宝网，最开始开发网站时，孙彤宇经常带领整个团队连续几周不回家，困了洗把脸，就在办公室里睡一小会儿……

事实证明，马云没有选错人，孙彤宇也不负众望，完成了使命。面对本国和全球竞争者的强大竞争，孙彤宇带领团队冲锋陷阵，经过几年的努力，最终让淘宝网成长为中国最大的网上消费者交易市场。2005年，淘宝网的市场占有率达到80%，彻底打败了易趣，从而也成功地打破了跨国巨头企图垄断中国个人网上交易市场的野心，创造了中国互联网历史上的“淘宝奇迹”。

在马云看来，大胆任用并信任自己的员工，是成熟企业用人的第一标准，同时也是企业走向成功的第一步。管理者不信任员工，不仅活着累，而且公司最终也无法经营下去，管理者敢于授权，充分相信员工，活得非常惬意，公司也运转正常。

一个人的惊人才能或突出作为，往往是在得到信任和重用时才会显现出来。所以，身为管理者，对有才能的下属，要积极培养，大胆使用，使他们获得更大的发展机会，并充分相信他们能够完成任务，相信他们对自己是绝对忠诚的。

延伸阅读：资源是会枯竭的，唯有文化才能生生不息

人类所占有的物质资源是有限的，总有一天石油、煤炭、森林、铁矿等会被开采光，而唯有知识会越来越多。中国是资源贫乏的国家，而且人口众多，很多资源的人均占有率远低于世界平均水平，党中央已提出“科教兴国”，以此提高全民族的素质和基础，同时强调要深化管

理，使知识产生价值，以创造民族的财富。以色列是我们学习的榜样，它说它什么都没有，只有一个脑袋。一个离散了20个世纪的犹太民族，在重返家园后，他们在资源严重贫乏、严重缺水的荒漠上创造了令人难以相信的奇迹。他们的资源就是聪明的脑袋，他们是靠精神和文化的力量创造了世界奇迹。

华为公司有什么呢？连有限的资源都没有，但是我们的员工都很努力，拼命地创造资源。真正如《国际歌》所述，不要说我们一无所有，我们是明天的主人。“从来就没有什么救世主，也不靠神仙皇帝，全靠我们自己。”八年来的含辛茹苦，只有我们自己与亲人才真正知道。一声辛苦了，会使人泪如雨下，只有华为人才真正地理解它的内涵。活下来是多么不容易，我们对著名跨国公司的能量与水平还没有真正的认识。现在国家还有海关保护，一旦实现贸易自由化、投资自由化，中国还会剩下几个产业？为了能生存下来，我们的研究与试验人员没日没夜地拼命干，拼命地追赶世界潮流，他们有名的垫子文化将万古流芳。我们的生产队伍，努力与国际接轨，即使调换一些功臣，也绝不迟疑地坚持进步；机关服务队伍，一听枪声，一见火光，就全力以赴支援前方，并不需要长官指令。为了点滴的进步，大家熬干了心血，为了积累生产流动资金，至今98.5%的员工还住在农民房里，我们许多博士、硕士，甚至公司的高层领导还居无定所。一切是为了活下去，一切是为了国家与民族的振兴。世界留给我们的财富就是努力，不努力将一无所有。

华为是一个功利集团，我们的一切都是围绕商业利益的。因此，我们的文化叫企业文化，而不是其他文化或政治。因此，华为文化的特征就是服务文化，因为只有服务才能换来商业利益。服务的含义是很广的，不仅仅指售后服务，从产品的研究、生产到产品生命终结前的优化升级，员工的思想意识、家庭生活……因此，我们要以服务来定队伍建设的宗旨。我们只有用优良的服务去争取用户的信任，从而创造资源，这种信任的力量是无穷的，是我们取之不尽、用之不竭的源泉。有一天我们不用服务了，就是要关门、破产了。因此，服务贯穿于我们公司及个人生命的始终。当我们生命结束了，就不用服务了，因此，服务不好的主管，不该下台吗？

今天听到春节慰问团的工作汇报及来自前方服务人员的心灵呼喊，令我们激动颤抖。八年来，我们初期的产品水平不高，质量也不好，学生研究的产品，散布在中国960万平方公里的土地上。而我们今天市场这么好，用户这么信任我们，是一俊遮百丑。用服中心的员工们，用青春和心血铺就了华为成功的道路。不管冰天雪地、赤日炎炎，在白山黑水，在崇山峻岭中，没有日夜的概念，终年奔波在维修、装机的路上，用户的需要就是命令。严冬由于雪堵死了道路，一困7～8个小时坐在零下二十多摄氏度的车上，炎夏挤在蒸笼般的超载的长途车中。大年三十爬上高高的铁塔，为了维修我们在研究、生产中的一点点小小的疏忽；当我们坐在温暖的办公室内，他们却因为赶不上车，在车站外面徘徊；当我们一遍一遍接受培训，增加晋升机会，他们却因公司发展太快，服务工作跟不上，一直待在远离公司的地方，一待就是两年没有回来一次；当我们与家人团聚，他们却在远离公司的地方，坚守岗位。不站好这班岗，哪有市场？当他们不断地守着我们早期有故障的产品，不敢停歇一会儿，以确保公司信用，在新技术方面跟不上公司的发展。当他们打电话向公司求援时，却受到“明白人”的斥责，说他们水平不高。我们这个时代最崇高的是责任心，最可贵的是蜡烛精神，他们照亮了公司消耗了自己。多么伟大的人格，多么高尚的情操，当我们获得辉煌时，他们仍然像萤火虫一样默默地发光，消耗毕生的精力与心血，在我们闪着成功的荣耀时，他们发出别人不曾注意的微光。

经历了千难万苦，磨炼出多少宝贵的干部资源，我们要重视培养他们，造就我们事业的中坚力量。在任人唯贤与任人唯亲相结合的干部制度下，造就一个融合的管理团队。我们说的这个任人唯亲是指认同华为文化，而不是指亲属。对拥有专业技术的新员工，我们要团结爱护他们，放在一定的岗位上使用，而不因暂不具有华为文化而歧视他们。

公司要坚定不移地贯彻做实精神，号召一切员工都要向用服中心学习。土夯实了一层，再撒一层，再夯实。只有这样我们才能不断地造就资源，实现可持续发展。要把精益生产落实到每一个员工，每一个环节、流程，落实到我们每一个思维、每一个动作。如果我们这样做就能像以色列一样在贫乏的资源上取得辉煌的成就。

不要把学习英雄停留在口头上，要真正用心去学习。用服中心的员工向我们展示的是什么呢？就是最具代表性的华为文化，只有它才会生生不息，把我们带向繁荣。

不要说我们一无所有，我们有几千名可爱的员工，用文化联系起来的血肉之情，它的源泉是无穷的。我们今天是利益共同体，明天是命运共同体，当我们建成内耗小、活力大的群体的时候，当我们跨过这个世纪形成团结如一人的数万人的群体的时候，我们抵御风雨的能力就增强了，可以在国际市场的大风暴中去搏击。我们是不会消亡的，因为我们拥有可以不断自我优化的文化。

第六章

创新管理：对手优化了，你不优化，等待你的就是死亡

过去所有失败的项目、淘汰的产品，其实就是浪费（当然浪费的钱也是大家挣来的），但没有浪费，就没有大家今天坐到这儿。我们珍惜这些失败积累起来的成功，如果不故步自封，敢于打破自己既得的坛坛罐罐，敢于拥抱新事物，华为不一定会落后。当发现一个战略机会点，我们可以千军万马压上去，后发式追赶，你们要敢于用投资的方式，而不仅仅是以人力的方式，把资源堆上去，这就是和小公司创新不一样的地方。

——任正非

在老产品上不断改进优化

管理语录

有一次，我随便走到一个实验室，与其中的工作人员谈话（是哪个实验室并不重要，我认为这是一种普遍的思维现象）。我问：对老产品的不断优化和对新产品的开发，你喜欢哪一种？他说我们当然喜欢新东西越多越好，将来离开华为后，还好就业。我说：专家专家，懂一点叫专家，懂得很多叫什么专家呢？为什么会出现专家的名词呢？就是因为人的生命有限，只可能懂得一点，就在这一点上，窄频带高振幅，这就是研发体系。但是中试体系为什么叫宽频带窄振幅？这是因为他们的年纪比你们大一点，经验积累多一点。所以我问他，你愿不愿意到微软？如果你到微软，你会找到多少新起点？在华为公司工作的时候，你是给这条铁轨的一段枕木钉道钉，如果你到微软，你连钉道钉的工作机会都没有，分工更细，还得做更窄更细的工作，都0，1、0，1……地累加，你只会变得更无聊，更专业化。因此联系创新和认识论来看，我认为要紧紧围绕有利于核心竞争力，包括个人成长的核心竞争力为基础。

一个人知识不是越渊博越好，一定要看破这个红尘。发明往往并不是知识渊博的发明，而是对事物敏锐认识的发明。一个老产品如果99.99%的软件是很好的，只有一点不稳定，一个人如果能做出这一点稳定，说明他对那99.99%了解得很透彻，否则他是找不出来这个点的。从知识论、认识论来说，后面解决问题的人是高水平，而绝非低水平。因此，认识论主要是对认识的深刻程度，表面认识到的很多东西，是字典、图书馆的，字典和图书馆的确很有知识，但它没有创造性。华为公司有这么好的氛围，研究系统有这么快的反应机制，我认为我们今天的青年，应珍惜这个机会。

——任正非1999年，《创新创业必须以提升企业核心竞争力为中心》

管理智慧

创新是一家企业能够源源不断发展的动力，是一家企业能够取得成功的保证。在进入信息化的今天，企业更要敢于创新，不然很快就会被竞争者超越，华为公司一直都很推崇创新。企业成立这么多年来，任正非一直孜孜不倦追求创新，他对创新的理解也自成体系，绝非表面的理解。

他说：“什么是最好的科研成果，请看看都江堰几千年后还在使用，还在滋润川西大地。而两河文明，古罗马的水渠已荡然无存。因此，伟大的发明并不一定稀奇古怪，故弄韵律的歌总唱不长。任何一个发明不是你转了多少个弯、搞了多少标新立异、出了多少自我设想的东西，而是对人类社会和对现实生活具有意义，这才是有用的东西。”

创新不一定是开发新产品，在老产品上不断改进优化也是创新，创新这个概念，不要进入解读误区。

在《华为与对手做朋友，海外不打价格战》中，任正非说道：“我们不提倡盲目创新。我们曾经是盲目创新的非常崇拜技术的公司，曾经不管客户需求，研究出好东西就反复给客户介绍，客户说的话根本听不进去，所以在交换机上，我们曾在中国市场出局。后来我们认识到自己错了，及时调整追赶，现在交换机也是世界第一了。”

任正非主张资源共享，让有限的资源发挥其最大的功效，很多产品的技术部分都是相通的，不需要完全的创新，这对提高研发效率，降低研发成本很有帮助，任正非说：“华为公司拥有的资源，你至少要利用到70%以上才算创新。每一个新项目下来，就应当是拼积木，只有最后那一点点才是不一样的，大多数基础都是一样的。”

1998年，任正非就定下了这样的目标：“广泛吸收世界电子信息领域的最新研究成果，虚心向国内外优秀企业学习，在独立自主的基础上，开放合作地发展领先的核心技术，用我们卓越的产品自立于世界通信列强之林。”

在华为的内部，技术上的创新不单单是大力研发全新的产品，也可以是技术上的组合，就拿移动智能网举例，华为把移动智能网技术和IP电话结合起来，虽然算不上很新的创意，但也算是独特的创新。华为将这二者合二为一，充分利用了智能网的优势，丰富了IP电话的功能，这一思路提出来后，得到了很多客户的大力支持。

除此之外，华为还有很多创新也是在原有的技术上进行了细小的改良，在华为的内部，任正非主张各个部门之间要相互开放，大家都要充分利用对方的资源，各个部门的人不能把自己的创新或者失败“秘而不宣”，都要大大方方让别的部门的人知道，这样大家才能相互学习和借鉴。在研发产品时，就不会开发一些同类的产品，就不会造成人力、财力和资源的浪费了。

任正非直言道：“人家已经开发的一个东西我照搬过来装进去就行了，因为没有技术保密问题，也没有专利问题，装进去就行了，然后再适当做一些优化，这样才是真正的创新，那种满脑子大创新的人实在是幼稚可笑的，是没有希望的。”

很多大科学家、发明家，他们发明的产品也不是完全从自己脑子里想出来的，瓦特的蒸汽机就是将纽克曼制造的蒸汽机当作参考，瓦特说过：“我不是发明家，我只是一个改良家。”可见，每一项创新都是建立在一定的基础上的，牛顿也说过类似的话：“我之所以比前人能够看得更远，是因为我站在了巨人的肩膀上。”

很多公司一门心思要搞独特的创新、独一无二的发明，在研发上投入了很多资金，但最后大多无疾而终。日本一家公司把贝尔公司发明的半导体专利引进后，迅速开发成了各种电子产品，吸引了大批客户，这家公司的产品也一举占领了欧美市场。日本这家公司的原始技术并不是自己的，但是他们能够在原始技术上进行改造优化，将老产品变得不一样，更加吸引人，这就是创新。

所以，任正非并不排除将一些成熟的技术直接拿过来利用，华为通常会用两种方式优化成熟的技术：收购公司或者支付专利使用费。华为成功的经验告诉我们，研发在坚持资源共享的前提下，在70%的模仿下，进行效益最大化的创新。

不创新才是最大的风险

管理语录

知识经济时代，企业生存和发展的方式，也发生了根本的变化，过去是靠正确地做事，现在更重要的是做正确的事。过去人们把创新看作冒险，现在不创新才是最大的风险。

知识经济时代，企业生存和发展的方式发生了根本的变化，过去是资本雇佣劳动，资本在价值创造要素中占有支配地位。而知识经济时代是知识雇佣资本。知识产权和技术诀窍的价值和支配力超过了资本，资本只有依附于知识，才能保值和增值。

过去人们把创新看作冒险，现在不创新才是最大的风险。江泽民同志说创新是民族之魂。社会上对我们有许多传闻，为我们的经营风险感到担忧，只有我们自己知道我们实际是不是危险的，因为我们每年的科研和市场的投入是巨大的，蕴含的潜力远大于表现出来的实力，这是我们敢于前进的基础。公司十分注重内部管理的进步。我们把大量的有形资产变成科研成果和市场资源，虽然利润暂时下降了，但竞争力增强了。

——任正非1998年6月22日，《华为的红旗到底能打多久》

管理智慧

任正非是非常重视创新精神的，他认为企业如果没有了创新精神，故步自封，最后只有“死路一条”，企业想要长久发展下去，管理者就一定要重视企业的创新精神，因为创新精神是企业产生核心竞争力的重要因素，也是企业保持强劲竞争力的关键之所在，任正非总是不惜代价地投入大量的人力和财力在研发创新上、在管理创新上，就是希望华为能够越走越远。

牛根生曾说过："不管螺丝怎么设计，正向拧不开的时候，反向必定拧得开。山重水复、此路不通的时候，换换位，换换心，换换向，往往会豁然开朗、柳暗花明。"的确，在这个世界上，任何问题都有多个思考角度。当我们遇到了难题时，没必要一条路走到底，直至走到死胡同。有时候，换个角度，就能看到不同的天空，为前路带来意想不到的转机。正如在鱼的眼中，水就如同我们身边的空气；而在人们的眼中，水只是清澈透亮的物质，站在不同角度，总会看到不同的世界。

"为了拓展明天的市场，每年从销售额中提取10%作为研究经费，紧紧抓住战略发展不放。1996年研究经费达1.8亿元。1997年会达到3亿～4亿元，20世纪末会达到8亿～10亿元，只有持续加大投资力度，我们才能缩短与世界的差距。"任正非这样表示，他认为只有在技术上大力地创新，才能带动华为迅速发展。

2001年，杨元庆来华为参观时，对任正非提过想让联想加大研发投入、做高科技的想法。任正非对他说："开发可不是一件容易的事情，你要做好投入几十亿元，几年不冒泡的准备。"

但不能因为这样，就不去创新，还是要创新的。企业国际竞争力主要来源于两个方面：一个是成本优势，另一个就是技术创新的优势。技术创新的优势是主要的，尤其是对于通信行业来说。最近这三十多年来，每一年都有大的创新和突破，改革变化日新月异，发展非常迅猛。

一开始非常昂贵的大哥大，笨重又不方便，像砖头一样，后来逐渐发展成了轻巧灵便，又很便宜的手机。一开始人们通过邮递信件传递信息，后来有了电报机，便可以发电报传信，比通信要快很多，再后来有了电脑，可以发QQ、MSN，还可以面对面视频，即便隔着几千里，也能瞬间“见面”……

通信行业的发展，就是不断创新的过程，只有不断创新，通信企业才能在激烈的竞争中走下去，所以，任正非将“按销售额的10%拨付研发经费”写进了1998年出台的《华为公司基本法》里。

在《创新是华为发展的不竭动力》一文中，任正非指出：“信息产业进步很快。它在高速发展中的不平衡，就给小公司留下了许多机会。不像一些传统产业，如飞机制造，它的设计理论已进入经典热力学，大公司具有经验优势。而且数十年来，他们申请了无数专利，使这种优势法律化。绕开专利，制造成本就会很高，没有竞争力。完全购买人家专利，如何能够超越？没有一场技术革命，没有新的技术突破，超越这些传统公司，越来越困难。而且，你没有理由一定会比他们做得好。

而信息产业不同，昨天的优势，今天可能全报废，天天都在发生技术革命。在新问题面前，小公司不明白，大公司也不明白，大家是平等的。华为知道自己的实力不足，不是全方位地追赶，而是紧紧围绕核心网络技术的进步，投注全部力量。又紧紧抓住核心网络中软件与硬件的关键中的关键，形成自己的核心技术。在开放合作的基础上，不断强化自己在核心领域的领先能力。”

华为一定要加强创新能力，而且要做有用的创新、能够抢占市场的创新，就如同马云说的那样：“‘创新’这个词大家很熟悉了，全世界、全中国都在讲创新，但是创新到底是什么？你创新了吗？你做完以后，人家说，哇！你好创新。但是创新是做完以后才发现的事情吗？你在做的时候知道在创新吗？其实创新是寻求变化的一条路。创造变化、拥抱变化是我自己的理想。我个人理解这么多年来阿里巴巴最独特的一点就是拥抱变化。人，特别是既得利益者一定是害怕变化的。其次，很多人只是在适应变化，而阿里巴巴的这个词比较过分，叫‘拥抱变化’。拥抱变化是一种境界，是一种创新。拥抱变化是在不断地创造变化。变化有的时候是为变而变，但更多的时候你要比别人先闻到气味才对。这就属于创造变化，为了躲开想象中的灾难、为了抓住想象中的机会，你要不断地调整。所以拥抱变化中有一个很重要的点，大家要理解，就是这个变化绝对不是不好的变化，而是说你对灾难的预测、对好趋势的预测。”

世间万物每天都在变化，世界上没有一成不变的东西，日升日落，斗转星移，变化是无时无刻不存在的，所有事物都在变化。面对这些变化，不能害怕或者逃避，要勇敢迎接上去，了解这些变化，战胜这些变化。

一名优秀的、杰出的管理者应当是主动寻找出路的经营者，在现在这个光怪陆离、信息大爆炸的时代，想要让企业立于不败之地，那真的是让管理者背负了很大的压力。

李开复在他的《做最好的自己》一书中提到过：“创新固然重要，但有用的创新更重要。”在这个科技一日千里的新时代，每个人都谈创新，每个人都渴望创新，但什么才是最好的创新，适合这个时代的创新？一个企业应该如何获得持续创新的动力，在有价值的方面创新呢？

管理者在面临改变时，不要担忧，不要畏缩，勇敢地去拥抱变化，迎接变化，这也是一种创新精神。如果管理者总是守着原来僵化的旧模式不懂变通，那在如今日新月异的市场浪潮中，一定会被淘汰掉。

变革主张改良主义，不建议大刀阔斧

管理语录

我是主张改良的，一点点地改，不主张大刀阔斧地改革。华为必须坚持改良主义，通过不断改良，实现从量变到质变的过程。华为在高速发展的过程中，轰轰烈烈的巨变可能会撕裂公司。所以要在撕裂和不撕裂中把握好“度”。我们处理发展速度的原则应该是有规律、有预测地在合理的增长比例下发展，但我们也必须意识到这样做所带来的不稳定。我们必须在此基础上不断地提高我们的管理能力，不断地调整管理能力所能适应的修补程度，以使我们适应未来的长期发展。

——任正非内部讲话

管理智慧

任正非多次重申，他在管理方面从来都不是激进主义者，他是改良主义者。任正非主张的不是将之前的管理方式全盘否定，为企业不断建立全新的管理模式。任正非认为管理应该不断改进，慢慢修正，提升管理水平；突兀地全盘否定、全然的创新不但不会给企业带来好处，还有可能对企业造成伤筋动骨的危害。

“不创新是最大的风险。”这是任正非曾经说过的话。在这一思想的指导下，任正非带领华为从小企业做到大企业，一步一步成长为中国通信行业的巨头。但在管理思想上，任正非却不主张大力创新，他以中庸之道为主要指导思想，主张稳健但不保守，敢冒风险但又不冒进的管理思想。

在《让一线直接呼唤炮火》中，任正非提道：“中国历史上失败的变革都是因为操之过急，展开面过大，过于僵化而失败的。华为公司20年来，都是在不断改良中前进的，仅有少数的一两次跳变。我们在变革中，要抓住主要矛盾和矛盾的主要方面，要把握好方向，谋定而后动，要急用先行，不求完美，深入细致地做工作，切忌贪大功为己有的盲动。华为公司的管理，只要实用，不要优中选优。天将降大任于斯人也，要头脑清醒，方向正确，踏踏实实，专心致志，努力实践，与大洪流融到一起，必将在这个变革中，获得一定的进步与收获。”

变革需要按照事物变化的规律进行，管理上需要变革，变革才能不断推进管理的进步，但管理的变革不能急于求成，那样容易适得其反。在华为管理改革的过程中，任正非就主张华为要慢慢改革，一口不能吃成胖子，不要搞激进主义。任正非认为，华为如果大刀阔斧地改革，那将让华为的内部置于动荡之中，不利于华为员工安心工作，也不利于华为长远的发展。

他说：“我们要管理创新、制度创新，但对一个正常的公司来说，频繁地变革，内外秩序就很难得到保障和延续。不变革不能提升我们的整体核心竞争力与岗位工作效率，但变革究竟变什么，这是严肃的问题，各级部门切忌草率。一个有效的流程应长期稳定运行，不能因为有一点问题就经常改动它。否则，改变的成本会抵消改进的效益。已被证明是稳定的流程，尽管它的效率不是很高，除非我们在整体设计或大流程设计时发现缺陷，而且这个缺陷非改不可，其他时候就不要改了。”

管理上的创新也要讲究方式方法，大踏步的创新可能会在短期内成效显著，让企业内部焕然一新，但时间长了，问题便会暴露出来，会引起员工的不满情绪，员工会有抵触的心理，让接下去的工作都不好做了。但稳步的改良主义不会有这些问题，华为两次大辞职运动就很好地说明了这一点。

为了解决市场部新老员工交替的问题，任正非发动了员工大辞职的运动，在1996年那次大辞职运动中，虽然任正非撤换掉了市场部大部分管理干部，但这并没有让人员有抵触的情绪，是因为任正非让他们全部“归零”，竞争上岗，这样既能保全落选员工的面子，还能让能力更强的员工进入管理层。

2007年年底，华为又斥资10亿元鼓励7000名员工辞职，大辞职运动再次上演，这次是凡是工作期限满八年的员工，都要提交一份辞职申请表，然后再竞争上岗，和公司重新签订劳动合同。

这两次都是华为管理上的改革，为了让企业注入新鲜的活力，同时也不让老员工在改革中受到伤害，任正非对这两次事件的评价是：“华为的各项管理不要求轰轰烈烈，而要扎扎实实，在公司未来变革中一定要避免剧烈的动荡。我们也不能让干部大起大落，对干部可以奖励、处分，但不能突然全盘否定或者全盘肯定。真正的潜力必须是通过长期的实践才能够看到的。”

管理上的改革创新总是会损害到一些人的利益，造成组织分裂等问题，如何让这些问题带来的负面影响最小化，就是管理者在管理改革创新前，应当好好考虑的问题。任正非正是考虑到了这一点，为了公司的稳定发展，在管理上的任何改革创新，他都坚持用改良主义，稳步逐渐地改革。

在引进美国Hay公司的薪酬和绩效管理方法时，任正非说："我们引入美国Hay公司的薪酬和绩效管理的原因，就是我们看到沿用过去的办法虽然能生存，但不能保证我们今后继续活下去。现在，我们需要脱下草鞋，换上一双美国鞋，但穿新鞋走老路照样不行。换鞋以后，我们要走的是世界上领先企业走过的路。这些企业已经活了很长时间，它们走过的路被证明是一条企业生存之路，这就是我们先僵化和机械引入Hay系统的唯一理由，换句话讲，因为我们要活下去。"

说到底，企业进行管理上的改革创新，是为了企业能够更好地存活和发展下去。所以，企业的管理改革就要以如何能更好地发展企业为前提进行，任正非引入国外企业的管理模式，进行管理创新，也是为了能够让华为更好地发展下去。管理既要走向规范化，又要创新，对创新的管理模式进行规范化的管理，这就是任正非的管理创新之道。

先僵化，后优化，再固化

管理语录

在管理上，我不是激进主义者，而是改良主义者，主张不断地管理进步。

美国在人力资源管理上比较成功，使美国的创新精神和创新机制发挥得比较好。这种创新精神有很多外部原因在发生作用，例如，政策、法规等，内部原因中最重要的是薪酬这个因素在起作用。华为从小公司发展过来，是在中国发展起来的，外部资源不像美国那样丰富，发展是凭着感觉走，缺乏理性、科学性和规律性，因此要借助美国的经验和方法，借用外脑。

我们现在向Hay公司买双“美国鞋”（西方鞋），中国人可能穿不进去，在管理改进和学习西方先进管理方面，我们的方针是“削足适履”，对系统先僵化，后优化，再固化。

我们必须全面、充分、真实地理解Hay公司提供的西方公司的薪酬思想，而不是简单机械地引进片面、支离破碎的东西。我们有很大的决心向西方学习。在华为公司，很多方面不是在创新，而是在规范，这就是我们向西方学习的很痛苦的过程。正像一个小孩，在小时候，为生存而劳碌，腰都压弯了，长大后骨骼定型后改起来很困难。因此，我们在向西方学习的过程中，要防止东方人好幻想的习惯，否则不可能真正学到管理的真谛。

当我们的人力资源管理系统规范了，公司成熟稳定之后，我们就会打破Hay公司的体系，进行创新。我们那时将引入一批“胸怀大志，一贫如洗”的优秀人才，他们不会安于现状，不会受旧规范的约束，从而促使我们的人力资源管理体系再次裂变，促进企业的再次增长。

企业的发展要保持节奏，宽严有度。在企业初创时期，必须有严格的管理和控制体系，而当企业发展到一定阶段，必须保持适当的宽松，不骄不躁，保持36摄氏度的体温，激励创新。

我们公司的薪酬制度不能导向福利制度。如果公司的钱多，应捐献给社会。公司的薪酬要使公司员工在退休之前必须依靠奋斗和努力才能得到。如果员工不努力，不奋斗，不管他们多有才能，也只能请他们离开公司。

此外，管理既要走向规范化，又要创新，还要对创新进行管理，形成相互推动和制约机制。

——任正非2001年，《活下去，是企业的硬道理》

管理智慧

面对华为的快速发展，任正非意识到管理上的改革势在必行，1995年，《华为公司基本法》进入初稿阶段，任正非在内部职工大会上就对华为管理方面存在的问题进行了分析，他当时就认为华为管理上的改革一定要做。

经过一番考察和思量之后，任正非开始向国外成熟的大企业“取经”，他希望能够从这些大企业的管理模式中学习摸索出适合华为的管理模式。1996年，他请了美国Hay咨询公司香港分公司对华为进行评价，看看华为应当采用什么样的管理模式为好。

1998年，任正非亲自到美国考察，他考察了休斯公司、IBM公司、贝尔实验室和惠普公司。在考察期间，任正非决定向它们好好学习，他认为只有向这些大企业认真学习，才能让华为少走弯路、少缴学费，这些大企业的经验都是他们付出了数十亿美元的代价总结出来的，华为应当好好学习。

于是，1998 年，《华为公司基本法》定稿之后，任正非便开始了全面引进国际级管理体系，华为花了大价钱从 IBM 引进集成产品开发（IPD）以及集成供应链管理（ISC），还将英国国家职业资格管理体系（NVQ）引为企业职业资格管理体系等，在华为的管理中启动了“IT 策略与规划”的项目。

为了能够让管理改革成功，任正非还特别制定了对系统“先僵化，后优化，再固化”的变革方针，也就是说，任正非让华为员工在管理改革的初期，第一步是先要全面接受改革的制度，就像他提出的口号那样：“要穿‘美国鞋’，就必须‘削足适履’。”IPD 具体实行起来十分困难，但面临困难，任正非没有放弃，他将这套管理体系力推到底，“IPD 关系到公司未来的生存与发展，各级组织、各级部门都要充分认识其重要性，用‘削足适履’来穿好‘美国鞋’的痛苦，换来的是系统顺畅运行的喜悦。”

让员工们接受并适应了新的管理系统后，再对这套管理系统进行优化调整，然后根据华为公司自己的情况，做出一套为华为量身打造的管理模式，这就是任正非最终想看到的结果。不过，历史上的改革几乎没有一个是能够畅通无阻地进行下来的，华为这次的管理模式改革完全颠覆了之前的理念，很多人都对这次的改革产生了质疑。

在华为内部聚集了近万名优秀人才，他们脑子灵活，对新事物接受很快，但也非常有怀疑精神。他们纷纷拷问这种方式是否适合华为，他们认为IBM的理念不一定就比华为的管理方式更先进，如果将本来还不如华为原先的管理模式引入，那对于华为来说，不是一件好事情。对于华为内部人员的质疑，任正非不为所动，他知道如果在进行管理改革创新前，让大家先民主评判，那一定会意见不一，所以他在1999年11月，明确表明了态度，要先僵化，后优化，再固化，在改革最初的两三年里，华为人主要做到理解消化就行。

在僵化阶段的时候，华为的管理改革进行得很艰难，华为很多人对这套管理体系不赞成，研发部门和销售部门不断有人提出反对的声音，但任正非不向他们妥协，任正非认为，在真正理解之前，是不能够盲目将引进的管理体系擅自支离破碎地改动的。

2003年，几十位IBM专家从华为撤离，华为的管理改革创新项目也就算是暂时告一段落。截至2003年，华为在软、硬件方面的投入累计十亿元以上了，任正非通过一个艰难的改革过程，为华为打造了一个合适的管理体制。之后，随着华为公司规模越来越大，IPD系统也逐渐显示出了其优越性和重要性。如果当初，任正非没有坚持将这套系统运用到华为的管理中，也就不可能满足日后日益增长的市场需求了。

任正非对系统“先僵化，后优化，再固化”的管理改革创新理念，虽然从表面上看起来是违反客观规律的，但从深处来讲，是有一定道理的。

延伸阅读：小改进，大奖励
——在品管圈（QCC）活动成果汇报暨颁奖会上的讲话

我们追求持续不断、孜孜不倦、一点一滴地改进，促使管理不断改良。只有在不断改良的基础上，我们才会离发达国家著名公司的先进管理越来越近。

我们坚定不移地推行绩效改进的考评体系，坚决实行减人、增效、涨工资的政策。随着我们的发展，工作总量越来越大，但人员的增长要低于产值与利润的增长。每一道工序、每一个流程，都要在努力提高质量的前提下，提高效益，否则难以维持现行工资不下降。

我们要尊重那些踏踏实实、认真努力、恪守职责，并不断改进自己工作的老员工，要给予他们多一些的培训机会。他们是我们事业的基础。要帮助他们进行工作适应性调整，使他们在合乎自己能力的岗位上发挥作用。通过不断改进本职工作，来提升自己的待遇。要干一行，爱一行，专一行。

对于一些具体的操作岗位，绩效改进在经过一段时间后，改进会越来越困难，如财务的账务体系、生产的一些流程……那么我们就推行岗位职责工资制。定岗、定员、定待遇。从他们的责任心、服务意识中进行晋升。

我们要创造更多的机会，给那些严于律己，宽以待人，对工作高度投入，追求不懈改进，时而还会犯小错误和不善于原谅自己的员工。只有高度地投入，高度地敬业，才会看破“红尘”，找到改进的机会，才能找到自身发展的途径。敢于坚持真理，敢于讲真话，敢于自我批判，在没有深刻认识事物的时候不乱发言，不哗众取宠的员工是我们事业的希望。每一个员工都要立足本职，有所作为。那些一心想做大事而本职工作做不好的员工要下岗。

高、中级干部要加强自己的管理技能训练，提高自己的业务素质，赶上时代的需要。经历了十年创业，高、中级干部总的来说是好的，具有高度的责任心与事业心，也勇于自我批判，自我约束。由于历史的原因，把你们推到了领导岗位，不管你们是否适合。但你们对公司的忠诚、对工作的敬业，都是你们提高技能后继续担负领导工作的重要基础，公司信任你们，你必须努力学习。由于公司的迅猛发展，你在管理技能上已出现差距，要下决心努力学习赶上来。

同时也要看到，由于公司发展快，在选拔干部时来不及认真考核，也缺乏足够的时间检验，把一些不合适的人推上了岗位。单纯看学历、看他的经验，就匆匆忙忙地提拔了他们。这部分人，一方面应该利用已获得的机会，努力改造自己，提升自己，高度地投入工作，高度地负责任，使自己适应下来；另一方面不是消极等待下岗，而应积极调整心态，接受组织的考验，努力争取到最需要、最适合自己的岗位上去工作，为共同的事业献出毕生精力。各级干部，要提高自己的管理水平，改善选拔干部的手段，对不适应的干部加以关怀，不歧视任何员工，推动干部进步的工作。

公司自从实行群众性的、自发的，但有组织的改进活动以来，处处都在进步。这种春雨润物细无声的风气，正在成为华为人的修养与文化。它昭示着，明天会从这些小活动中，冒出一大批优秀的管理者。我们为之兴奋。

各个部门都要向研发、中试部门学习，他们十分认真对待客户的批评，全体听录音、讨论、整改。“闻过则改”，认真听取批评意见，不断地自我批判，不断地改进，使自己变得更优秀。

公司将继续狠抓管理进步，提高服务意识。建立以客户价值观为导向的宏观工作计划，各部门均以客户满意度为部门工作的度量衡，无论直接的、间接的客户满意度都激励、鞭策着我们改进。下游就是上游的客户，事事、时时都有客户满意度对你进行监督。

在《华为公司基本法》的序言《要从必然王国，走向自由王国》一文中，我有一个重要的命题。一个企业能长治久安的关键，是它的核心价值观被接班人确认，接班人又具有自我批判的能力。希望全体员工共勉这一句话。千千万万的员工都会成为各级岗位的接班人。群体性的接班是我们事业持续发展的保障。希望你们在各自的岗位上，通过批判与自我批判，不断地净化自己，使自己成为优秀的人。

第七章

研发管理：超越客户需求的技术只会成为先烈

这20年，我们占了很大的便宜，有人领路，阿尔卡特、爱立信、诺基亚、思科等都是我们的领路人，现在没有领路人了，就得靠我们自己来领路。领路是什么概念？就是“丹柯”。丹柯是一个神话人物，他把自己的心掏出来，用火点燃，为后人照亮前进的路。我们也要像丹柯一样，引领通信领域前进的路。这是一个探索的过程，在这个过程中，因为对未来不清晰，可能会付出极大的代价，但我们肯定可以找到方向，找到照亮这个世界的路。

——任正非

从“以技术为中心”向“以客户为中心”转移

管理语录

我们从“以技术为中心”向“以客户为中心”的转移过程中，如何调整好组织，始终是一个很难的题目。刚开始我的认识也是有局限性的。我在EMT（经营管理团队）会上讲了话，要缩短流程，提高效率，减少协调，使公司实现有效增长，以及现金流的自我循环。但提出的措施，确实有一些问题，单纯地强调精简机关，压缩人员，简化流程，遭遇一部分EMT成员的反对。他们认为机关干部和员工压到一线后，会增加一线的负担，增加了成本，并帮不了什么忙。机关干部下去以总部自居，反而干预了正常的基层工作。后来我听取了一些中层干部的反映，他们认为组织流程变革要倒着来，从一线往回梳理，平台（支撑部门和管理部门，包括片区、地区部及代表处的支撑和管理部门）只是为了满足前线作战部队的需要而设置的，并不是越多越好，越大越好，越全越好。要减少平台部门，减轻协调量，精简平台人员，自然效率就会提高。这样EMT决议还未出笼就被反了一个方向。但如何去实现这一点呢？问题仍然摆在前面。这次访问利比亚时，听取了北非地区部的汇报，我有了一些启发。

北非地区部努力做厚客户界面，以客户经理、解决方案专家、交付专家组成的工作小组，形成面向客户的“铁三角”作战单元，有效地提升了客户的信任，较深地理解了客户需求，关注良好有效的交付和及时的回款。

“铁三角”的精髓是为了目标，而打破功能壁垒，形成以项目为中心的团队运作模式。公司业务开展的各领域、各环节，都会存在“铁三角”，三角只是形象说法，不是简单理解为三角、四角、五角，甚至更多也是可能的。这给下一阶段组织整改提供了很好的思路和借鉴，公司主要的资源要用在找目标、找机会，并将机会转化成结果上。我们后方配备的先进设备、优质资源，应该在前线一发现目标和机会时就能及时发挥作用，提供有效的支持，而不是拥有资源的人来指挥战争，拥兵自重。

——任正非2009年，《让听得到炮声的人来决策》

管理智慧

任正非对公司管理层说到这样一个观点：客户需要什么我们就做什么。卖得出去的产品，或者是领先市场一点点的产品才是客户真正的技术需求。如果技术超前太多的话，那只能以牺牲自己为前提来完成。任正非希望华为继续经营下去，他不希望华为因为技术太过领先，而被市场淘汰。他曾做过一些统计，那些破产的企业，并不是因为那些企业的技术不够先进，而是因为它们的技术太过先进，先进到别人无法认可和接受，所以就没人来买它们的产品，它们便经营不下去了。

华为人都达成了一个共识，技术只是一个工具，这个工具不是为了发展科技水平，而是为了满足客户的要求，达到商业需求的意义。技术的研发和客户的市场需求这二者之间总有着不可调和的矛盾，这二者之间的矛盾几乎存在于所有企业之中，华为自然也是不可避免的。

任正非知道，如果技术人员没有强烈的市场意识，就算技术再先进、再超前，研制出的产品也是无法让企业获利的。华为在一开始也是追求技术上的完美，但却有了失去商机的惨痛经历，痛定思痛，任正非决定实现转变，就是从“以技术为中心”转向“以客户为中心”。

2002年，任正非在公司研委会的会议上对华为员工说：“如果死抱着一定要做世界上最先进的产品的理想，我们就饿死了，成了凡·高的‘向日葵’，我们的结构调整要完全以商业为导向，而不能以技术为导向，在评价体系中同样一定要以商业为导向。”在任正非看来，技术进步得太快，市场就弱了，就容易忽略客户的需求。所以企业应该随着市场的变化，随着客户的变化而调整产品的变化。

华为应该多做一些有客户现实需求但技术不一定很难的产品，不要单纯地研究技术，而要做技术方面的商人，这样的企业才能成功走下去。所以，作为管理者，任正非一直要求研发部门在平时的努力中多把自己研发的产品和客户的实际需求结合起来。

曾经为了给某个银行实现电子化系统，华为承接了这个研发工作，为了能够更好地为客户提供他们所需要的产品，华为专门成立了解决方案部，这个部门的成员除了资深的研发人员，还有各业务部门有经验的员工。华为将研发重心放在了研究金融信息化趋势和顾客需求的基础上，放在了进一步强化为客户解决问题的方案上。这个研发做成后，银行的客户非常满意。

从“以技术为中心”向“以客户为中心”转移这一战略，海尔也有过同样的做法。2009年，在“沃顿全球校友论坛”上，张瑞敏对海尔全面实行“自主经营体”机制的有关问题做出了如下回答：“怎样才能把大家的目标都集中到创造用户价值上来呢？我们怎么才能协同起来呢？我们的第一个步骤就是颠覆组织结构，将一个‘正三角形’的组织倒转过来，变成‘倒三角形’的组织。客户在最上面，然后是一线经理、员工，最高领导在最下端负责为经理们提供资源，每个部门都要面对自己的客户，我们把它们叫作‘自主经营体’。

“今年4月，我和郭士纳（IBM公司的前首席执行官）讨论了这一议题。他说，这是一个很好的方向，但是，他在IBM公司任职期间并没有这么做，主要原因有两点：第一，如果你要求一线经理直接与客户打交道，那么，他们就可能会忽视市场中的新机会；第二，如果为一线经理提供支持的人不能提供必要的资源，那么，他们便不得不自行寻找资源，从而，会造成客户的不满。

“我们解决这两个问题的方法是，把损益表做到每一个团队，这个损益表是描述团队对内部客户承诺的某种内部契约，我们也进行了一些试点，效果还不错，而最高领导者要负责寻求市场中的新的机会。”

可见，做研发很重要，但顾及市场更重要，华为的研发人员始终坚持以市场需求为导向，市场所需要的就是华为研究技术的重点。

从对科研成果负责转变为对产品负责

管理语录

“从对科研成果负责转变为对产品负责”这个口号是怎么来的

呢？从我们龙岗基地建设中，我们确知外国设计院的设计费虽然很贵，但他们是对工程负责，而我们国内的设计院只对图纸负责。我们公司的研发人员以前正是由于只重视对科研成果负责而缺少对产品负责才造成现在的不少问题，所以我们明确地提出了这个口号。后来我们到IBM等公司考察，发现西方公司的产品经理也是深入到产品过程的每个环节中去的，也是对产品负责的。现在在座的所有人都须对产品负责，产品犹如你的儿子，你会不会只关心你儿子的某一方面？不会吧。

一个产品能生存下来，最重要的可能不是它的功能，而只是一个螺丝钉、一根线条，甚至一个电阻。因此，只要你像对待你的儿子一样对待产品，我想没有什么产品是做不好的。以前我们走了不少弯路，现在我们已采取了对产品负责的方针。我们曾经的失误导致了我们6000万～1亿元的损失！

当然，这一代价构建了我们C&C08交换机的成功，创造了巨大的市场。国务委员宋健同志与我交谈时，问我最大的感受是什么。我说我们浪费较大，包括几个亿用于培训，几个亿浪费了，但我们培养了一大批人，这一大批人在什么时候发挥作用呢？下一个世纪。社会上，包括一些世界著名公司，说华为浪费太大，但我们认为正是浪费造就了华为。当然，我们不能再犯同样的错误，再浪费下去了。

公司最近出了一本书叫《炼狱》，炼狱就是要把你们这些博士、博士后放到太上老君的炼丹炉里去炼一炼，让你们反思我们过去所走过的道路，永远铭记我们走过的曲折道路。IBM在PC机的开发上损失了几十亿美元，在通信网络的收购上，又损失了几十亿美元，“一朝被蛇咬，十年怕井绳”，他们面对通信领域，战战兢兢，不敢进入。华为公司是不是也要等到损失几十亿元之后才能走上我们所要走的正确道路呢？不应该。“前车之鉴，后事之师”，我们应该向世界各国成功的优秀企业学习。

——任正非1998年，《全心全意对产品负责，全心全意为客户服务》

管理智慧

任正非在欢送华为电气研发人员去生产用服锻炼的酒会上，对华为的员工说道：“在我们华为公司，博士当工人已不是第一次，现在你们也不是最后一次。黄埔军校第一期学员不是最优秀的，延安抗大第一期学员也不是最优秀的，最优秀的都是第四期。后来人比先行者更优秀，在于后来人是踏着先行者探索的足迹前进的，更容易成功。

“‘神奇化易是坦途，易化神奇不足提。’数学家华罗庚这一名言告诫我们不要把简单的东西复杂化，而要把复杂的东西简单化。那种刻意为创新而创新，为标新立异而创新，是我们幼稚病的表现。我们公司大力倡导创新，创新的目的是什么呢？创新的目的在于所创新的产品的高技术、高质量、高效率、高效益。从事新产品研发未必就是创新，从事老产品优化未必不能创新，关键在于我们一定要从对科研成果负责转变为对产品负责，要以全心全意对产品负责实现我们全心全意为顾客服务的华为企业宗旨。”

在一开始，华为实施的并不是对产品负责制，而是对科研成果负责制。在华为的龙岗基地建设中，华为的研发人员只是对研发成功负责，其余的他们不管，因为对产品没有过多的管理和思考，所以造成了不少的问题。

任正非说："在设计中构建技术、质量、成本和服务优势，是我们竞争力的基础。建立产品线管理制度，贯彻产品线经理对产品负责，而不是对研究成果负责的制度。"任正非意识到实施对产品负责制的重大意义，如果不对产品负责任，员工就不会重视产品在成为商品这个过程中出现的各种问题，而只是去关注科研成果，这样会让产品无法适应市场，企业最终无法在市场中站稳。

所以，企业要紧紧抓住产品的商品化，一切评价体系都要围绕着这项产品的商品化来进行，这样既能够令企业在市场上发展成熟，也能够促进研发团队发展成熟，而不是整日埋头研究，不闻天下事。在华为，产品经理不仅仅要对产品的研发负责，对产品生产、售后服务等一系列事宜都要负责到底，这是贯彻沿产品生命线的一体化的管理方式。这样做，是为了让管理者建立商品意识，将科研成果转变为能够推到市场上的产品，这不仅仅体现在能够开发出质量好的产品，也要体现在进入市场和进入市场后一系列的服务上。

这实际上也是一种对客户负责任的态度。2003年上半年，华为在吉林移动通信公司的设备连续发生了多起质量事故，还有服务上的不到位事故。所以，从2003年下半年开始，华为的长春办事处对吉林移动智能网的设备维护工作进行了24小时监控，防止之前的事故再次发生。与此同时，华为的研发部门也和吉林移动、华为全球技术服务部、市场部、研发部共同成立了"吉林移动智能网联合工作小组"，这个联合小组不但要攻克技术上的难题和漏洞，还要解决客户的需求，根据客户的要求制定研发方案，最终，华为的工作赢得了客户的高度评价。

华为打了一场从对科研成果负责转变为对产品负责的大胜仗。

“鲇鱼效应”拿下了全球市场的“通行证”

管理语录

我们是能力有限的公司，只能在有限的宽度内赶超美国公司。不收窄作用面，压强就不会大，就不可以有所突破。我估计战略发展委员会对未来几年的盈利能力有信心，想在战略上多投入一点，就提出潇洒走一回，超越美国的主张。但我们只可能在针尖大的领域里领先美国公司，如果扩展到火柴头或小木棒这么大，就绝不可能实现这种超越。

我们只允许员工在主航道上发挥主观能动性与创造性，不能盲目创新，发散了公司的投资与力量。非主航道的业务，还是要认真向成功的公司学习，坚持稳定可靠运行，保持合理有效、尽可能简单的管理体系。要防止盲目创新，四面八方都喊响创新，就是我们的葬歌。

大数据流量时代应该是很恐怖的，因为我们都不知道什么叫大数据。流量之大也令人不可想象。我说的大数据与业界说的也不一样，业界说的大数据，不是大，而是搜索，如邬贺铨院士说的，数据的挖掘、分析、归纳、使用，使数据创造出价值。我说的大数据是指数据流的波涛汹涌，指不知道有多么大的数据要传输与储存。当然我们希望传输的是净水，但我们也阻挡不了垃圾信息的来回被传输与储存，使得大数据更大。不要为互联网的成功冲动，我们也是互联网公司，是为互联网传递数据流量的管道做铁皮。能做太平洋这么粗的管道铁皮的公司以后会越来越少；做信息传送管道的公司还会有千百家；做信息管理的公司可能有千万家。别光羡慕别人的风光，别那么“互联网冲动”。有“互联网冲动”的员工，应该踏踏实实地用互联网的方式，优化内部供应交易的电子化，提高效率，及时、准确地运行。我们现在的年度结算单据流量已超过25000亿（人民币），供应点也超过5000个。年度结算单据的发展速度很快会超过50000亿的流量。深刻地分析合同场景，提高合同准确性，降低损耗，这也是贡献，为什么不做好内“互联网”呢。我们要数十年地坚持聚焦在信息管道的能力提升上，别把我们的巨轮拖出主航道。

网络可能会把一切约束精神松散掉，若没有约束精神，我们还会不会是一个主洪流滚滚向前进？大家唱《中国男儿》，别人很震惊，这个时代还有这么多人来唱这种歌？在我们公司，眼前还有几千个核心骨干团结带领了15万员工。所以我们必然胜利。

——任正非《逼自己改进，学“乌龟精神”》

管理智慧

在挪威盛产一种味道极为鲜美的沙丁鱼，那里很多渔民以捕捞沙丁鱼为生。可是这种沙丁鱼生命力十分脆弱，离开深海就很容易死去，所以这些渔民捕捉的沙丁鱼，往往都是死鱼，不够新鲜，卖不出好价钱。

但一个村子里的一位老渔夫却能让沙丁鱼活下来，他捕的沙丁鱼总是被人争相抢购，价钱也是别的渔民捕捉的沙丁鱼的好几倍。这个老渔夫能够让沙丁鱼活下来的秘密成了渔民都想知道的事情，但可惜，老渔夫对此一直守口如瓶。

直到老渔夫临终前，他才将这个秘密公之于世。其实让沙丁鱼活下来的办法非常简单，就是在捕捞上来的沙丁鱼中，放入几条鲇鱼。把鲇鱼放入沙丁鱼群中，鲇鱼会快速游动，让沙丁鱼紧张起来，沙丁鱼就开始四处逃窜，使得水面波动，氧气充分，这样就保证了沙丁鱼能够活蹦乱跳地运送到鱼市场。

几条鲇鱼就可以使得一船沙丁鱼活蹦乱跳，避免死亡的命运，老渔夫明白自然界的法则“优胜劣汰”，竞争使得沙丁鱼充满活力。其实，在现实生活中，人们也需要竞争，有了竞争，才能使人们充满紧迫感，尽力避免被淘汰。

“鲇鱼效应”被引入到企业管理中，用来活跃企业的活力氛围。华为将“鲇鱼效应”引进质量管理体系中，鉴定测试中心在整个质量保障体系中就是扮演了鲇鱼的角色，为将华为的质量控制搞活跃，严格把控了质量大关，让华为的研发产品能够不断做到更好，被更多客户接受。

2003年年底，华为3Com公司正式运作之后，研发产品的质量问题就成了急需解决的问题。华为3Com的CTO曹向英说道：“如果想长足地进入国际市场，从产品的技术、功能、性价比等方面来看，我们都没有问题，关键在于‘质量’问题，这里所指的‘质量’问题，不是我们习惯上的概念，而是产品的全流程质量管理，涉及许多用户平时看不见的、产品背后的环节。对产品的设计理念、开发、元器件采购到生产工艺过程控制、工程安装、服装等多项指标进行全方位的审视。就像是接受一次回炉锻造般的再生。在新公司运行的第一年里，研发体系一面要不间断地输出大量的产品，一面要打破我们的习惯思维和管理模式，迅速地建立起一套符合国际水准的质量保障体系，承受的压力非常大。”

但也正是因为有了压力，才有了更大的动力。自2004年3月底开始，华为3Com斥巨资建立了具有国际先进水平的鉴定测试中心，分别位于北京和杭州两座城市，北京的测试中心占地528平方米，杭州的测试中心占地1000多平方米。这两所测试中心都拥有高水准的专家和一流的设备产品，同时，还和全球知名的网络测试厂商合作，能够将全球各国不同的标准都纳入测试环节中，能够更快捷方便地为全球各国的客户服务。

这个3Com测试中心严格把控产品质量，对产品各方面的性能都有很高的要求，如果通不过测试的产品，是不能流通出去的。这个测试中心就是“鲇鱼”，激活了华为的研发流程中的方方面面，让华为的产品质量更加高。

没有竞争对手，会令人陷入一种无危机感的状态。在现在这个竞争激烈的社会，“人无远虑，必有近忧”。内心的危机感，能够鞭策我们不断上进，当我们失去危机感，就会失去对事业和生活的追求，不思进取，不再进步。华为在研发技术方面做得越来越好，便会容易产生自傲和自满的情绪，认为自己是这个行业做得最好的，对产品的把关可能会松懈，任正非为了鞭策华为人，引入了“鲇鱼效应”，让他们自己和自己较量，在产品交到客户手中之前，能投入百分之百的热忱。

打仗的队形是可以变换的

管理语录

研发体系的战略队形和组织结构要随着环境变化进行调整和变化，

不要僵化、教条，研发的价值评价体系要均衡。

打仗的队形是可以变换的。原来我们往核心收得太厉害了，这样我们的技术进步快了，而市场就弱了一点。现在市场变化了，客户需求也变化了，我们可以扁平一点。在攻克新技术时，使队形变得尖一些，增大压强，以期通过新技术获得多一些的市场。当新技术的引导作用减弱的时候，我们要使队形扁平一些，多做一些有客户现实需求但技术不一定很难的产品。当年的抗大校训就是“坚定不移的政治方向，艰苦朴素的工作作风，灵活机动的战略战术”，我们既要有坚定不移的方向，又不能过分教条，战略队形和组织结构要随着环境变化进行调整和变化。比如，一讲到宽带，大家就说一定要可运营、可管理，就要打倒CISCO，我们是否也可以举起右手支持CISCO，赚拥护CISCO的客户的钱。举起左手也可运营、可管理，赚反对CISCO客户的钱。在工作中不能强调一边就忽略另一边，不能走极端。眼前我们的问题是利润不够，所以要做些小盒子到各地抢粮食去。所以队形要根据市场进行变化，不能僵化和教条，要有灵活机动的战略战术，我们的宗旨就是活下去。

研发对结构继续进行改革是允许的，不能把所有东西都搞成僵化不变的。我们整个体系还没有完全按IPD运作，会存在流程不畅的问题。流程打通是迫在眉睫的，怎样打通全流程，希望每个PL–IPMT（产品线）提一个小组名单，组成跨部门的小组，先把市场、用服、研发打通，然后再把生产、采购捆进来，共同整改流程打通问题，简化程序。成立跨部门小组，这个小组就代表公司，有决定权，统管所有流程。当然，这个小组主要是理顺产品线全流程，并不是多了一层机构。压强原则和组织结构的方向是一致的。当形势变化了，我们一定要及时调整组织结构，如果死抱着一定要做世界上最先进的产品的理想，我们就饿死了，成为凡·高的“向日葵”。我们的结构调整要完全以商业为导向，而不能以技术为导向，在评价体系中同样一定要以商业为导向。

——任正非2001年11月，《华为如何度过冬天》

管理智慧

1998年，九江本地网传输项目招标中，华为击败了竞争者，赢得了招标项目，拿到了华为的第一个城市SDH光纤传输项目。这本来是值得庆祝的事情，但华为人还没来得及高兴，就又收到一个坏消息，为这个项目提供的机器设备在安装调试的过程中出现了很严重的问题。

刚竞标成功就遇上这样棘手的问题，华为人虽然感到头疼，但他们并没有慌张，毕竟有了之前多次处理问题的丰富经验，他们已经能够对各种突发状况应对自如了。之前，类似的情况也发生过，华为都一一解决了，他们以往的做法是带着新设备，快速到客户那里把出故障的机器换回来。本来，这次也会像以往那样做，但任正非没有让员工这样做，他不是替换机器，而是选择了赔偿。

这样做，任正非是有自己的考虑的，任正非已经觉察到，重视功能开发，不太重视产品的可靠性和服务性这种观念普遍存在于华为的技术研发人员中，他们这种固化的思维如果不改善，以后设备还会出现问题，会导致流通到市场上的产品有各种各样的问题，虽然华为的售后部门能够在出问题的第一时间就上门为客户解决问题，但长此下去，毕竟不是办法，客户会渐渐对华为的产品失去信心。

在华为发展的初期，产品质量有一点小问题，售后部门能够及时上门检修、调换，这也许还能够让客户感到满意。但随着华为发展得越来越大，问题就不是那么容易解决的了，研发和服务之间的矛盾也就越来越尖锐，这会成为华为的软肋，只有让研发彻底改善，才能解决掉这个软肋。

所以，任正非强调："要把华为在运营商大规模部署的产品技术和网络经验运用到企业业务，对于未来的战略制高点要敢于投入。你们要把华为大规模部署的产品技术与网络经验运用到企业。我们的光接入、无线接入，实际上是为大网服务的，但是也可以转为为你这个小网服务。为什么你企业网就不能用无线接入呢？抢占了这个机会点，你做好以后，别的地方卖盒子就容易了。我们现在要保持一定的投资强度，投资要聚焦到战略制高点上来，抢占了战略制高点，不卖得那么便宜，盈利的钱去做先进性的研究。我们已经不是完全以运营商为中心了，以前盯着运营商，是因为我们唯有靠运营商才能生存下来，现在我们继续向前走，运营商是我们近距离的客户需求，远距离的最终客户才是牵引我们的客户需求，这样的话，我们把握最终用户的感觉，我们做出来的东西就会得到欢迎。"

之前，当客户出现问题后，华为能够迅速派人前去解决，客户会觉得华为负责任，但从另一个方面也反映出华为的产品质量还不够过硬，而且，产品在不断修改之后，各地的版本差异也会越来越大，这对设备升级会产生不良影响。日后，华为会发展为全球性的大企业，如果还指望售后部门去替研发部门善后，那对公司的发展是很不利的。

所以，对于这次的突发事件，任正非就用补偿解决，他就是要通过这件事情的处理方法，让公司的员工加强对产品质量的重视，为了警醒研发人员，任正非宁愿付出赔偿的代价，也不换回故障的机器。

在对企业进行管理时，策略方针总是要根据实际情况进行不断变化的。1999年，任正非说道："如果我们做的是短线的小产品，集成产品开发就没有必要。咱们几个人就可以说了算，设计文档也可以记在脑子里。但是，作为长线产品，这样就不行了。几千人、几万人同时进行编程，就跟总参谋部指挥打仗一样，炮弹什么时候打、飞机什么时候出动，是非常复杂的综合作业。你可不要把炮弹一个个都打到自己的脑袋上。"

我们的重心是建设自己

管理语录

我认为不同层次的人考虑的东西不尽相同，就比如960万平方公里装在国家领导的肚子里就不沉，可是装在我们肚子里就很沉。所以说我们每个人最大的忧患意识就是如何做好本职工作，比如中试部一年改了一根线，使产品稳定，降低成本，多么伟大。忧患每时每刻就在我们身边，并不一定要提高到很高层次，产品质量不高、返修率不低就是我们的忧患意识，不同岗位、不同层次的人工作内容不同，需要了解的也不一样，总之，精力应该放在搞好工作中。空抱着那些虚无缥缈的所谓的远大理想是错误的，做好本职工作最重要，这也是华为文化之一。不管社会上怎么攻击我们，我们从不解释，因为我们没有工夫，我们的重心是建设自己。

——任正非1997年2月22日在秘书座谈会上的讲话

管理智慧

2003年刚开年，华为就遇到了麻烦事，思科系统有限公司对华为技术有限公司及其子公司提起了诉讼，思科公司认为华为非法侵犯了思科的知识产权，所以将华为告上了法庭，思科主要指控华为在四个方面侵犯了其知识产权：盗用IOS源代码、盗用思科技术文件、盗用命令行接口和侵犯专利权。

一时之间，华为处在了风口浪尖，媒体都纷纷关注这起官司事件，对华为的报道铺天盖地，众多媒体都猜测这起官司的原委，这让一向低调、不接受采访的任正非也不得不通过华为公司发表声明：华为将坚决、积极地维护自己的合法权益。

这场官司一直到2003年10月1日，才有了新的进展，华为发布声明，说华为和思科签署了一份协议，中止了目前在得克萨斯州地区法院的未决诉讼。这场官司火药味十足地进行了十个月，最终还是以和解的形式结束了。但通过这起官司事件，任正非更加认识到了知识产权的重要性，他认为华为人应当完善对知识产权的认识，华为对于专利的认识不再满足于注册本身，而是深切体会到，专利也是市场竞争的工具。通过和思科打的这场官司，任正非认为在不断建设自己的同时，也要保护好自己的安全，不能让别人钻了空子。

吸取了教训后，华为就做出了一些改变，华为的研发办公区、实验室都与其他部门完全物理隔离，在整栋办公楼里，就算是研发部门总裁级别的高级管理者也不能用笔记本电脑，所有研发人员一律只准用台式电脑，而且这些台式电脑一律封机箱，不能使用USB接口，还不能连接到互联网。如果研发人员需要上网，或者有特殊的工作要求，都需要得到信息安全部的单独批准才行。

华为的信息进出的端口都是被严格监视的，在华为，源代码被保管在24小时有人监控的保险柜里，保险柜外面还设置有层层电子门禁，相当严格，因为在软件行业，源代码是最关键的，也是最值钱的，所以，为了保护企业的核心研发成果，华为自然要小心对待了。关于这些保护措施，华为的一位员工戏称："在华为，连一只苍蝇也难飞进去。"华为为了保护信息安全，实施的这层层的严格措施，被人形容快要比上"国家保密局"了。

为了保护研发成果，华为还投入了大量的人力和物力，前前后后制定了很多规范制度，比如，《员工保密协议》《华为人行为准则》《文档保密管理规定》等。这些规章制度是华为每一位员工都必须熟读的，他们还要签署有关的保密协议，不能做出伤害公司利益的事情，更不能侵犯公司的知识产权。就算将来离开了华为，不再是华为的员工，也不能从事和华为有竞争关系的工作。

对于华为的员工严格要求，对于那些侵犯了华为知识产权、侵犯了华为专利的人，华为更是从不留情面。最近几年，华为针对自己的知识产权被侵犯的事情，对很多人和公司提起了诉讼，一些华为员工也被华为告上法庭。2003年8月，华为传输部原技术人员王志骏、秦学军等人因为盗窃了华为公司的核心技术，被公司知道了，随后将他们告上了法庭，这几个人被检察机关批捕，羁押了九个月，还正式立了案。

任正非认为，技术是华为人的公共财富，是属于全体华为人的，是华为人赖以生存和发展的基础，窃取华为人基础的这种行为和做出这种行为的人都是不可原谅的。因为研发技术是华为赖以生存的资本，研发成果也是华为人费尽心力，耗时耗力的工作成果，如果不保护好，被别人窃取，会对华为造成不可估量的损失。

在与思科的案子结束后，任正非就更加注重在研发过程中的专利使用，还对涉及专利的内部管理体系进行了调整，使得华为的研发过程更加向国际方面靠拢，变得越来越系统化，安全性也提高了。任正非曾这样说过："好比有一座山，山顶已经被外商专利占领，华为就大力发展山脚下的专利，把山脚围起来，从山顶下山时必须经过华为的专利，我们就用山脚下的华为专利换取山顶的外商专利。"

在加强自身的研发管理过程中，华为不断完善各项体系，让自己的研发变得更加专业化、系统化。让员工更加重视这一块，防止被侵害。一份内部资料显示，从1995年成立知识产权部门以来，华为已经累计申请国内专利5000多件，到2004年6月，获得授权1127件，累计PCT申请或者国外专利申请641件，申请国内外商标注册677件。而且华为公司每年新增的专利申请量一直保持在2000多件，这样的成就比欧美国家那些大企业还要多，华为还多次获得了国家科技进步奖等许多重量级的奖项，这些都有效地帮助华为形成了一层保护壁垒，能够积极遏制被人侵犯知识产权的可能。

任正非认为在研发管理这方面，华为应当提高企业的危机管理能力，此外，公司内部也要做到最好，建立相应的措施，邀请相应的专家提出建议，只有建设好自己，才能更从容地应对危机的到来。

抓不住牛缰绳，也要抓住牛尾巴

管理语录

在科学的入口处，真正是地狱的入口处，进去了的人才真正体会得到。基础研究的痛苦是成功了没人理解，甚至被曲解，被误解。像饿死的凡·高一样，死后画卖到几千万美元一幅。当我看到贝尔实验室科学家的实验室密如蛛网、混乱不堪，不由得对这些勇士肃然起敬。华为不知是否会产生这样的勇士。

寻找机会，抓住机会，是后进者的名言。创造机会，引导消费，是先驱者的座右铭。十年之内通信产业将面临一场革命。这场革命到来时华为在哪里？我在美国与一些资深人士交流，他们有的说计算机网络的进步会取代通信，成为全球最大的网络。通信专家说，通信技术的进步将会使通信网络包容了计算机网络，合二为一。我认为二者都有道理，在21世纪初，也许在2005年，真正会产生一次网络革命，这是人类一次巨大的机会。计算技术的日新月异，使人类普及信息技术成为可能。高速的光传输与先进的交换与处理技术，使通信费用降低十分之一，网络的覆盖能力增强到人们想象不到的地步，为信息的传播与使用铺平了道路。随着波分复用和波长交换，使光交换获得成功，现在实验室的单芯可传送2000G，将来会变成现实，那时候，通信费用会降低百分之一，那么用户的迅猛增长，业务的迅猛增长，难以预计。例如，中国出现六亿门大网时，会是一种什么局面，你想象过吗？

抓住机会与创造机会是两种不同的价值观，它确定了企业与国家的发展道路。混沌中充满了希望，希望又从现实走向新的混沌。人类历史

是从必然王国走向自由王国发展的历史。在自由王国里又会在更新台阶上处于必然王国。因此，人类永远充满了希望，再过5000年还会有发明创造，对于有志者来说，永远都有机会。任何时间晚了的悲叹，都是无为者的自我解嘲。

——任正非1998年，《我们向美国人民学习什么》

管理智慧

信息产业随着20世纪40年代中期计算机问世以来，便发展得越来越迅速，人类开始迈入了信息化的社会，全世界也纷纷兴起了信息革命，以信息为基础创造财富体系已经成了当代经济方面最重要的事情。在市场上，谁掌握了信息并且还能将其转化为经济优势，谁就能获得胜利，信息产业正在大大地改变着全世界人们的生活和工作。

但信息化的发展对发展中国家来说是有些不利的，发达国家拥有领先的技术和科技，将发展中国家甩在了后面，想要在信息化的革命中迎头赶上，就需要发展中国家加紧培养人才，抓紧机会去追赶。

1997年，任正非从美国访问回来之后，意识到了这个问题的深刻性，他在《我们向美国人民学习什么》中，探讨了这个问题，他提到了信息革命：“十年之内，通信产业及网络技术一定会有一场革命，这已被华为的高层领导所认识。在这场革命到来的时候，华为抓不住牛的缰绳，也要抓住牛的尾巴。只有这样才能成为国际大公司。这场革命已经‘山雨欲来风满楼’了。只有在革命中，才会出现新的机遇。”

虽然发达国家起步早，技术领先，中国的企业想要做到和美国、日本这样的国家并驾齐驱还有一定的难度，但任正非并不气馁，他认为中国的企业必须要奋起直追，哪怕抓不住牛的缰绳，也要抓住牛的尾巴。而华为就应当做中国企业在这方面的领头军，做出应有的表率，奋力发展自身的研发技术，就算短时间内还不能赶超欧美那些大国的企业，但也要尽量缩短和它们之间的距离。

这样做，不仅能够让华为跻身于世界级别的大企业行列之中，更重要的是还能够促进中国信息产业的发展。当时，国际上有两种主流的数字蜂窝通信技术：GSM和CDMA。1995年，华为虽然已经有了一定的发展规模，但想要攻克这两种技术中的任何一种都是非常困难的，除了至少几十亿的技术投入资金之外，还存在人才方面的短缺，所以，华为要想在技术方面做出领先，就必须要先选择一个重点攻克。

当时，华为内部认为GSM产品最早也要到1998年才能进入商用领域，为了抢占市场，抢占时间差，任正非决定不惜一切代价进军GSM业务，投入了上千人的研发力量，想要抓住牛的缰绳，而在CDMA上，华为一直到1998年才投入了几十人的研发力量。

在《华为的红旗到底能打多久》中，任正非说：“坚持按大于10%的销售收入拨付研究经费。追求在一定利润水平上的成长的最大化。我们必须达到和保持高于行业平均的增长速度和行业中主要竞争对手的增长速度，以增强公司的活力，吸引最优秀的人才和实现公司各种经营资源的最佳配置。在电子信息产业中，要么成为领先者，要么被淘汰，没有第三条路可走。

“我们始终坚持以大于10%的销售收入作为研发经费，公司发展这么多年，员工绝大多数没有房子住，我们发扬的是大庆精神，先生产、后生活。而在研发经费的投入上，多年来一直未动摇，所有员工也都能接受，有人问过我，‘你们投这么多钱是从哪儿来的’，实际上是从牙缝中省出来的。我们的发展必须高于行业平均增长速度和行业主要竞争对手的增长速度。过去每年以100%的增长速度发展，以后基数大了，肯定速度会放慢，那么以怎样的速度保持在业界的较高水平，这对我们来说是个很大的挑战。我们通过保持增长速度，给员工提供了发展的机会，公司利润的增长，给员工提供了合理的报酬，这就吸引了众多优秀人才加盟到我们公司来，然后才能实现资源的最佳配置。只有保持合理的增长速度，才能永葆活力。”

任正非就是以这样的劲头，一门心思扑在了研发技术上，虽然在后来来看，华为选择GSM没有取得最初预想的效果，当时中国的GSM设备市场早已经被爱立信、诺基亚和摩托罗拉三大跨国公司把持，华为投入十几亿元的研发经费，也没能打开市场，一直到了2003年也没有在GSM上取得盈利，错过了2G的市场时机，华为没有抓住牛尾巴，但是任正非没有放弃成为世界一流通信设备供应商的理想。

经过战略调整，任正非跳过了GSM，直扑3G，并最终取得了成功，成了全球3G的领先者，华为成了国际大企业。如果没有在研发技术上始终如一的坚持，那么，华为也不可能取得今日的成就，那些抓住了时机的企业，都是源于之前比别人艰辛百倍千倍的努力。

要么领先，要么死亡

管理语录

以客户的价值观为导向，以客户满意度做评价标准。瞄准业界最佳，以远大的目标规划产品的战略发展，立足现实，孜孜不倦地追求、一点一滴地实现。

我们必须以客户的价值观为导向，以客户满意度为标准，公司的一切行为都是以客户的满意程度作为评价依据。客户的价值观是通过统计、归纳、分析得出的，并通过与客户交流，最后得出确认结果，成为公司努力的方向。沿着这个方向我们就不会有大错误，不会栽大跟头。所以现在公司在产品发展方向和管理目标上，我们是瞄准业界最佳，现在业界最佳的是西门子、阿尔卡特、爱立信、诺基亚、朗讯、贝尔实验室等，我们制定的产品和管理规划都要向他们靠拢，而且要跟随他们并超越他们。如在智能网业务和一些新业务、新功能问题上，我们的交换机已领先于西门子了，但在产品的稳定性、可靠性上我们和西门子还有差距。我们只有瞄准业界最佳才有生存的余地。

——任正非1998年6月22日，《华为的红旗到底能打多久》

管理智慧

科技的发展是一日千里的，在当代社会中，在科学研发这方面稍加松懈，便会被竞争对手狠狠甩到身后，任正非非常清楚这一点，在华为创立的初期，直接生产人员不到二百人，研发的工作人员就多达五百多人，那个时候，养活这五百多个研发人员，给华为的发展造成了很大的阻碍，但任正非没有因为贪图小利，放弃长久的路线。任正非意识到技术的领先才是企业持续发展的根本，尤其是对于像华为这样一个高新技术企业来说，技术一定要做好。

所以，任正非坚持技术领先的原则，创造性地利用“压强”战术，大规模地、持续性地集中有限的财力发展技术。在技术研发这一方面，华为走的是一条由跟踪模仿到领先创新的道路。一开始，华为并没有什么大的技术突破，只是做一些代理商的工作，但任正非坚持要有自己的独特技术才能在市场上站稳脚跟，所以，华为就一直在技术研发上面钻研，希望寻求突破。

1995年，全国邮电部门全网采用了华为研制的7号信令，华为的技术优势这才逐渐凸显出来，从此以后，走上了研发产品拓展的道路。1995年5月，由华为研制、承建的上海160信息系统、128自动/人工寻呼系统进入了正常运作的状态。华为不断在技术研发上的投入终于有了回报，华为开始走向了技术研发规模化的发展，在多年不断模仿的过程中，华为也终于走出了一条自己的研发道路，有了自己研发的方向，并且逐渐在这方面显示出越来越强的实力。

任正非当初几乎将所有资金都砸在技术研发上面，这种看似孤注一掷的不理智的行为，也终于有了成效。对于企业的管理者来说，在市场竞争如此激烈的当代大环境下，想要让自己的企业比别的企业跑得更快更远一些，就要有自己的助跑工具，而华为的助跑工具就是领先的技术。

对于企业的管理者来说，眼光一定要放得长远一些，想要让企业能够长久发展，就要制定一个长远的规划和奋斗目标。阿里巴巴的马云一直都是走在时代前列的，他创办海博翻译社，成立中国黄页，后来建立阿里巴巴，这些都是先人一步，走在大部分人前面的。马云曾经说过："我们绝对是放眼世界的，真正做到打到全世界去。"

对于任正非来说，华为想要打到全世界去，就一定要占据领先地位，要占据制高点，这一点是至关重要的："最近的3～5年，对华为至关重要的就是要抢占大数据的制高点。这3～5年如果实现了超宽带化以后，是不可能再有适合我们的下一个时代的。那么什么是大数据的制高点呢？不是说那个400G叫制高点，而是任何不可替代的、具有战略地位的地方就叫制高点。那制高点在什么地方呢？就在10%的企业、10%的地区。从世界范围看大数据流量，在日本是3%的地区，汇聚了70%的数据流量；中国国土大，分散一点，那么10%左右的地区，也会汇聚未来中国90%左右的流量。

“那我们怎么抓住这个机会？我认为战略上要聚焦，要集中力量。我们要学会战略上舍弃，只有战略才会战胜。当我们发起攻击的时候，我们发觉这个地方很难攻，久攻不下，可以把队伍调整到能攻得下的地方去，我只需要占领世界的一部分，不要占领全世界。胶着在那儿，可能错失了一些未来可以拥有的战略机会，以大地区来协调确定合理舍弃。未来 3 ～ 5 年，可能就是分配这个世界的最佳时机，这个时候我们强调一定要聚焦，要抢占大数据的战略制高点，占住这个制高点，别人将来想攻下来就难了，我们也就有明天。”

华为要靠研发创造机会，引导消费，这样华为才能比其他企业发展得更快更好。任正非认为，在电子信息产业领域，要么领先，要么死亡，没有第三条路可以选择。

延伸阅读：为提高电信网营运水平而努力

非常感谢广东省管局给了我们一个机会，也感谢广州市局、深圳市局这些年来给予我们的支持与帮助，对我们的宽容和谅解。

广东省提出商业网的构架标准与想法后，华为公司很快地响应了省局的决定，然后努力把08机做成适合于商业网所使用的交换机。这两年来我们得到省局和广州市局、深圳市局的大力支持与帮助，我们也有这样或那样的缺点，这样或那样的问题，他们给了我们很大的宽容、支持和帮助，使得我们通过这两年不断地改进，基本上达到了省局现阶段要求的标准。特别是为了迎接香港回归，深圳商业网又担负了中央在深圳行政办公和生活的通信服务，经受了考验。为了能实现这项服务，省、市局在五个月之内进行了三次测试，每次测试都超过2000项指标。

广东这个大的电信网，当前在中国的土地上，有非常重要的战略地位，同样，在国际技术水平上，处于高技术水平电信网的地位，我们在这个网上，如果得到一些试验机会，将使我们尽快成熟起来，走向海外。特别是我们在香港电信网上的大量开局，得益于广东商业网的建设基础，才使得我们在香港网上获得了比较大的成功，包括此次在欧洲有关电信网上获得很大的成功，所以在这里我深深感谢广东地市局给予我们的支持、信任与帮助。

华为公司在发展中存在的缺点还不少，要与国际接轨，我们的难度还非常大，无论从资本上还是从品牌上、人才上、管理上，我们和跨国公司还没有可比性，我们还非常艰难，而且在那些成熟的电信领域和新的电信领域里面，华为公司与他们竞争也没有优势。因此摆在华为公司面前的道路还很艰难，我们不仅要在技术上，更重要的是在管理上赶上他们，特别是我们正走向规模经营，规模经营的特征就是资源的用好、用活，充分利用公共资源的作用来推动企业效益的进步，说起来“集约经营”只有四个字，但做起来却很艰难，在未来两三年里，我们还要做出巨大的努力去争取管理与服务方面的进步。我们是有希望在未来三五年建成具有一定管理水平的公司，更好地服务客户，促使客户满意程度得到提高。

未来信息革命，信息产业会是21世纪里最重要的产业，全世界都已经非常关注这个产业，中央关注两个产业：一个信息产业，另一个房地产产业（微利房）作为中国支柱的两大产业，中国选择信息产业是有希望的，而且成功的可能性很大。信息产业的发展，使未来软件和硬件的比例可能会是9：1，从现在的8：2上升到9：1，芯片的设计水平会越来越高，软件的容量会越来越大。中国是一个最大的软件资源国家，中国人口多，但如果把中国人口多，变成中国人才多，那么中国就很有竞争实力，参与未来世界信息产业竞争。华为与广东省管局的结合，我认为就是优势互补。你们对网络运营、网络建设、网络标准有丰富的经验，我们对网络里面的黑匣子有经验，有一群年轻、朝气蓬勃、敢冲敢闯、敢迎着世界浪潮上的青年。所以我们的结合是最好、最优的结合，会产生更大的价值。

今天我们迈出了第一步，我希望尽快地迈开第二步，进行战略合作，实现跨国经营。

第八章

市场管理：生存下去的充分且必要条件是拥有市场

我们首先得生存下去，生存下去的充分且必要条件是拥有市场。没有市场就没有规模，没有规模就没有低成本。没有低成本、没有高质量，难以参与竞争，必然衰落。

——任正非

推动技术进步是市场的需求

管理语录

IBM是昔日信息世界的巨无霸，却让一些小公司“捉弄”得几乎无法生存，以致1992年差点解体。为了走出困境，励精图治，IBM重新走上改革之路，同时付出了巨大的代价。曾经受联合国工作人员致敬的王安公司，从年销售35亿美元，已经消失得无影无踪了。创立个人电脑的苹果公司，几经风雨飘摇，我们还能否吃到21世纪的苹果？

……再这么发展下去，发展中国家还有多少人敢进入信息产业。美国在这种创新机制推动下，风起云涌、层出不穷的高科技企业叱咤风云，企业不论谁死谁亡，都是在美国的土地上，资产与人才仍然在美国，破产只是拴住了法人，员工又可投入新的奋斗。这种从国家立场上来讲的宏观力量，永恒地代表美国的综合国力。由于信息产业的进步与多变，必须规模化，才能缩短新产品的投入时间，而几万人的公司又易官僚化。美国在科技管理上的先进性也是逼出来的。发展中国家无论从人力、物力以及风险投资的心理素质来说，都难以胜任。如果发展中国家不敢投入信息产业的奋斗，并逐步转换成实力，那么美国的市场占有率就将从60%提升到70%、80%……

它占得越多，你就越没有希望。

推动技术进步的市场需求已经启动，世界近二十年来，人民生活有了较大的改善，人们从温饱开始寻求知识、信息、文化方面的享受，从而使电子技术得以迅猛发展。得到巨额利润润滑的信息产业，以更大的投入引导人们走向新的消费。这种流动使所有产业都得到润滑，互相促进了发展。

——任正非1998年，《我们向美国人民学习什么》

管理智慧

任正非最初创建华为时，华为做的是代销香港的一种HAX交换机，靠的是价格差价获取利润，风险相对较小。但任正非在做了两年之后，放弃了这种代销方式，转而自主研发、生产交换机。任正非选择自主研发、生产交换机风险大，而且要走技术自立的道路，非常艰难。在当时的中国交换机市场上，大型局用机和用户机基本上都是来自国外的电信企业或者是合资企业。

很多人不理解任正非为什么要放着好好的差价不去挣，非要去冒这么大的风险做交换机，有人说他太傻了，也有人说他异想天开，但任正非很清楚自己在做什么，他认为华为最基本的使命就是活下去。技术开发的动力是为了生存。

1992年，华为开始生产自己的交换机，销售额首次突破一亿元，之后便进入高速发展期，在那段时间，任正非带领华为创下了销售额一个又一个的新高，华为也不再是当初那个小企业了，任正非也成了大企业家。

当时，正是房地产热和股票狂潮兴起的时候，不仅是个人纷纷开始投入狂潮之中，很多企业也开始蠢蠢欲动。但任正非却始终保持着头脑冷静，他认为这种泡沫时期迟早会过去，未来的世界应该是靠技术和知识生存的世界。任正非没有投入太多精力参与炒房或者炒股这类事情，他依然将精力放在交换机的研制上，他坚持要在这个行当中做下去，而想要做好，那就只有提供给客户最好的质量和服务。

对于任正非来说，办企业不是为了沽名钓誉，也不是为了发横财，而是为了给客户和员工一个交代，办企业要面临很多危机，会遇到很多困难，他做的一切都是为了能够在市场中生存下去，并且拥有市场。所以，华为不为外界喧嚣所动，依然坚持做实业，踏踏实实地做技术，并且完成了华为第一次战略转型，为华为日后的成功打下了很好的基础，任正非对此事是这样说的："中国自己有庞大的市场需求，中国历史上也有冒险家，党的十五大的开放政策比较好，中国应该产生一些敢于在高科技中有所作为的公司和时代的弄潮儿，联想、北大方正……不是已经启动了吗？我们并不孤单。"

在第二届中国基金市场国际研讨会上，人民大学金融证券研究所所长吴晓求教授这样说道："有家企业，银行账户上有稳定的大量的资金余额，但这家企业的老板是极端厌恶风险的，甚至厌恶证券，一谈到股票他就害怕，就生气。我就碰到这样一位，他就是华为总裁任正非先生。我跟他谈过两次，他一谈到股票，就极端厌恶，他说股票纯粹是不务正业，他说他的公司永远不会和股票打交道，永远也不会和证券打交道。为了说服他，我讲了很多道理，试图说明资本市场将会更有利于他的企业发展，我花了很大力气，最终还是未能够说服他。"

这就是任正非，他对泡沫市场深恶痛绝，绝不参与，他想做的就是实业，他更愿意为“技术自立”付出百倍千倍的努力。任正非认为华为想要发展，想要在这个行当占领市场，就必须要有自己的科研开发，所以他认为推动技术进步才能满足市场的需求。

为此，华为十几年如一日，一直在研发技术上不吝惜投入，现在华为能够在市场上占有如此大的份额，还能够拥有海外市场的份额，就因为任正非当初坚定不移的坚持。在企业的发展阶段，管理者会遇到各种各样的诱惑，如果管理者稍有不慎，就有可能改变当初创办企业的初衷。这样的企业最终发展起来的没有几家，而在市场上笑傲江湖的那些大企业，它们的管理者则对市场一直有清醒的认识，并对自己和企业的发展，也有清醒的规划，任正非就是这样的管理者。

虔诚地服务客户是华为存在的唯一理由

管理语录

由于华为人废寝忘食地工作、始终如一虔诚地对待客户，华为的市场开始有了起色。友商看不到华为这种坚持不懈的艰苦和辛劳，产生了一些误会和曲解，不能理解华为怎么会有这样的进步。还是当时一位比较了解实情的官员出来说了句公道话：华为的市场人员一年内跑了500个县，而这段时间你们在做什么呢？当时定格在人们脑海里的华为销售和服务人员的形象是：背着我们的机器，扛着投影仪和行囊，在偏僻的路途上不停地跋涉。

在《愚公移山》中，愚公整天挖山不止，还带着他的儿子、孙子不停地挖下去，终于感动了天帝，把挡在愚公家前的两座山搬走了。在我们心里一直觉得这个故事也非常形象地描述了华为18年来，尤其是20世纪90年代初中期和海外市场拓展最困难时期的情形：是我们始终如一对待客户的虔诚和忘我精神，终于感动了上帝，感动了我们的客户！无论国内还是海外，客户让我们有了今天的一些市场，我们永远不要忘本，永远要虔诚地对待我们的客户，这正是我们奋斗文化中的重要组成部分。

进入海外市场，我们的差异化优势主要是满足客户需求比较快（比如泰国AIS，我们因为比友商项目实施周期快三倍，才获得了服务AIS的机会）。因此，海外合同要么交付要求比较急，要么需求特殊，须定制开发，研发、用服、供应链等只有赶时间抢进度，全力以赴才能抓住市场机会。

在资金缺乏、竞争激烈的独联体市场，华为人忍辱负重默默耕耘了十年，从获得第一单38美元的合同起，集腋成裘，到2005年销售额6亿美元，要求严格的欧洲市场成为公司重要的市场。经历三年的认证，我们终于通过了BT的考试，成为BT重要合作伙伴；为获得中东某电信运营商的认可，面对世界级电信设备商的竞争，我们冒着室外60摄氏度的高温进行现场作业，长达数月，靠着全心全意为客户服务的诚意，经过两年多的坚持不懈，终于开通了我们全球第一个3G商用局。

经过十几年的不懈奋斗和挣扎，我们取得了一点成绩，这里要感谢长期支持华为的客户，没有客户的支持、信任和压力，就没有华为的今天。客户对我们的信任，是依靠华为不断地艰苦奋斗得来的。现在我们的客户也在不断地进步，来自客户需求的压力越来越大，我们没有理由

停下来歇一歇，必须更加努力，来回报客户对我们的信任。

——任正非2006年8月，《天道酬勤》

管理智慧

在华为内部流传着这样一句话：用“华为对用户的忠心”换取“用户对华为的忠心”。这句话的意思就是华为要对客户投入百分之百的精良服务，让客户对华为一百个放心，会始终选择华为作为合作对象。在如今的市场经济大环境中，一家企业想要留住客户，除了要有质量过关的产品、良好的信誉，还要有对客户完美的服务才行。

任正非认为除了要为客户提供利益之外，对客户进行感情投资也是非常重要的，华为的销售对客户不是冷冰冰的，他们和客户不光是谈生意、做买卖，他们在发展客户关系时，不是签完单子就走人，而是会和客户保持长期良好的关系，让客户感到温馨。在合作中，华为对待客户的态度始终热情，客户遇到任何问题，华为都会立刻提供服务和帮助，即便是合作结束了，华为也会和客户友好地往来。

华为会经常邀请一些客户去公司参观。在接待客户时，华为很注意客户的感受和一些接待方面的细节，比如华为会将印制精美的行程表在第一时间递到要参观的客户手中，让他们对行程有大致的了解，好安排自己的时间。在讲解过程中、在用餐过程中，华为都会让客户感到舒适。任正非说这并不是意味着华为人在和客户“搞关系”，而是真正理解客户选择华为对华为生存的重要意义。所以，华为才会竭心尽力地对待客户，请客户到华为公司参观，也是为了让客户安心，让客户看看华为的实力和办公环境，还有员工素质，让客户相信，和华为合作是可以放一百二十个心的。

有一次，华为的工作人员在阿尔及利亚时，恰好遇到了地震，强度为5.8级，余震达到了四百多次，情况非常危险。为了安全起见，很多竞争对手纷纷离开了阿尔及利亚，怕危及生命，但华为的工作人员却选择留了下来，他们坚持和阿尔及利亚的人民同在，一同挺过这次的难关。

在搭建的临时帐篷中，华为的工作人员写下了标书；在客户需要帮助的时候，华为的工作人员第一个赶到了客户那里，伸出了援手。在一个月之后，阿尔及利亚的情况稳定了，其他竞争者便都赶回来参加投标，但结果已经毫无悬念，虽然竞争者中有类似于西门子这样的大企业，但华为还是竞标成功了。就因为华为对待客户虔诚的服务打动了客户，这是华为人努力的结果。

诚心地为客户着想，总是能获得生意的机会。著名企业家李嘉诚年少在茶楼打工时，开始分析茶客们，儒雅风流的是哪类人，粗俗不堪的又是哪类人，自己希望成为哪类人？如果自己做生意的话，如何根据不同人的性格来满足不同客户的需求？

李嘉诚在专心工作的同时也开始了最初的客户分析，他根据茶客的特征猜测他们的年龄、籍贯、性格、职业、社会地位并找机会验证，进而掌握了不同茶客的消费心理。很快，他对常来用茶的人的习惯了如指掌，比如，对不同茶的喜欢和对茶点的选择。不久，常客来时，不等他们点东西，李嘉诚就端上了他们喜爱的东西，顾客对此十分满意。后来，面对新茶客时，李嘉诚也能猜测他们的喜好。茶客们觉得他特别善解人意，便常常来光顾这家茶楼，李嘉诚也得到老板的赏识，频频给他涨工资。

在茶楼的日子，李嘉诚不但学会了察言观色、人情世故，训练出了分析客户的能力，还学到了做生意的门道。这些东西，在他日后做生意时派上了大用场，他的公司总能提供能满足客户消费心理的产品。

华为在竞争中做到了给客户最好、最诚心的服务，和客户建立了长期良好的合作关系，不但赢得了越来越多的订单，也为华为在市场上立足奠定了良好的基础。

客户再小也要见

管理语录

市场体系要建立不管是国内还是国外，每一个客户经理、产品经理每周要与客户保持不少于五次沟通的制度，当然，还要注意有效提高沟通的质量。

我们一再告诫大家，要重视普遍客户关系，这也是我们的一个竞争优势。普遍客户关系这个问题，是对所有部门的要求。坚持普遍客户原则就是见谁都好，不要认为对方仅是局方的运维工程师就不做维护、介绍产品，这也是一票啊。

一定要加强普遍的客户沟通，要把普遍沟通的制度建立起来，沟通不够怎么办？就降职、降薪。沟通做不了的员工要慢慢淘汰掉。有些人是性格问题不能沟通，就转到别的岗位上去。

——任正非的一次内部讲话

管理智慧

任正非的低调是非常有名的，他不上电视，不接受访问，很多人想见他一面都见不到，但他曾经对记者说，他不是不见人，他见客户，再小的客户他都见。

任正非所言不虚，除了客户，其他人想见任正非可谓难上加难。曾有一次，某位官员想要见任正非，因此委托华为的一位高层引见，但是不管这位高层怎样游说，任正非最终还是没有见这名官员。还有一次，摩根士丹利首席经济学家斯蒂芬·罗奇带领一个机构投资团队到华为进行投资考察，任正非只是安排了负责研发的常务副总裁费敏代表自己进行接待，而并没有亲自出面。事后罗奇曾有些失望地说："他拒绝的可是一个3000亿美元的团队。"任正非对此事的回应则是："他罗奇又不是客户，我为什么要见他？如果是客户的话，再小的我都会见。他带来机构投资者跟我有什么关系啊？我是卖设备的，就要找到买设备的人。"

任正非曾在一篇文章中这样写道："我们每层每级都贴近客户，分担客户的忧愁，客户就给了我们一票。这一票，那一票，加起来就是好多票，最后，即使最关键的一票没投也没有多大影响。当然，我们最关键的一票同样也要搞好关系。这就是我们与小公司的区别，做法是不一样的。"正因为带有这种想法，一向低调的任正非才会经常飞往各地去见客户，而华为也一直坚持"普遍客户"这一原则，奉客户关系为至上。

在当今社会，一些企业一直奉行所谓的"二八法则"，即"企业80%的利润是由20%的客户带来的"，许多企业认为只有维护好大客户，才能拉来大单子，从而保证企业的利润增长，而对于那些小客户，他们往往认为可有可无，没必要认真对待。但是，他们可曾想过，这20%的大客户中决定跟他们合作是因为另外80%的小客户才促成的，如果一个公司只有20%的客户，那肯定不会有大客户信服。

任正非认为普遍客户关系才是华为差异化的竞争优势之一，华为之所以能够走到今天，市场份额逐渐增大，完全是一点一滴积累起来的，其中不乏众多小客户。对于他们，华为不能放弃。

2000年1月，邮政与电信分家后，电信设备采购权由原来的县级掌握收回到市级。之前为了能够拿到更多的电信设备采购合同，华为在全国有二百多个地区经营部，当形势发生变化时，如何处理这些地区经营部成为华为面临的一大难题。有人认为反正现在县局手里已没有采购权，不如撤销一些经营部以节约成本，集中精力攻克市局，有人却认为不应该过河拆桥，应该保留所有地区经营部。面对华为内部的分歧，任正非有自己的想法，他认为，华为能否在市级电信主管机构拿到订单，这些地区经营部仍然具有不可替代的作用，不能因为权力的转移就放弃这些苦心经营起来的关系网，因此他决定继续保留这些地区经营部，同各地的县局保持好关系。而后来事实证明，华为之所以能够继续获得大批订单，与各级县局给市局提供的意见是分不开的。

2002年，在《迎接挑战，苦练内功，迎接春天的到来》中，任正非提到了这件事情："我们有二百多个地区经营部，有人说撤销了可以降低很多成本，反正他们手里也没合同，我们还要不断地让他们和客户搞好关系。我相信这就是我们与西方公司的差别。我们每层每级都贴近客户，分担客户的忧愁，客户就给了我们一票。这一票，那一票，加起来就好多票，最后，即使最关键的一票没投也没有多大影响。当然，我们最关键的一票同样也要搞好关系。这就是我们与小公司的区别、做法是不一样的。小公司就是很势利。我在拉美时，与胡厚昆谈话，胡厚昆讲到了拉美市场拒绝机会主义。有合同，呼啦啦就来了；没合同，呼啦啦就走了。我认为他们的关系是不稳固的，至少普遍客户关系不稳固。

“一个企业如果一心想要接大单，往往会失去很多发展机会，有些时候，小客户也可以换来大订单。也许单个小客户的数量并不起眼，但如果积少成多，对企业利润的贡献同样不可忽视。同时我们要用长远的眼光来看待、评估客户的价值，任何大企业都是从小开始做到大，如果我们能够给予小客户足够的尊重，培养其忠诚度，当一个小客户逐渐做大的时候，那么它就会变成我们的大客户，而企业也会因为这些老客户的不断累积而变得更强大。这也告诉我们，不应该只把眼光放在赚取今日的利润上，而应该着重赚取明天的‘利润’！所以无论是大客户还是小客户，都应该受到应有的尊重，彼此建立平等的对话机制是双方合作的基础。

“对于创业者来说，更应该把每个客户都当作重要客户来对待，只有这样，企业才能在激烈的市场竞争中立足，才会有更长远的发展。”

生产要上去，干部要下去

管理语录

队伍不能闲下来，一闲下来就会生锈，就像不能打仗时才去建设队伍一样，不打仗时也要建设队伍。不能因为现在合同少了，大家就坐在那里等合同，要用创造性的思维方式来加快发展。军队的方式是一日生活制度、一日养成教育，就是要通过平时的训练养成打仗的时候服从命令的习惯和纪律。我们虽然不是军队，但也要有这种日常练兵的教育，越是困难时期，越要锻炼我们的队伍、磨炼我们的队伍。处于市场下滑的时候，我们不加大对队伍的教育、管理和帮助，一旦将来有很多新的机会的时候，我们的员工怎么能雄赳赳、气昂昂地走向新的市场？！

目前，我们的队伍建设就是要加强与客户的沟通，认真听取、理解客户需求。生产要上去，干部要下去，可以多配车及其他工具，要全力支持海外市场的发展，研发的产品一定要满足客户的需求。表面上看，我们不去做客户关系，停下来还能省几个亿的费用，动起来还要多花汽油费。但不能这样算成本。军队如果这样算成本，战时就毫无战斗力，就会不堪一击的。没有过去的持续投入，今年海外市场怎么可能有巨额的增长，海外市场给我们在困难时期增加了多大信心和力量！所以，如何在市场低潮期培育出一支强劲的队伍来，这是市场系统一个很大的命题。要强化绩效考核管理，实行末位淘汰，裁掉后进员工，激活整个队伍。

——任正非2004年11月，《华为如何度过冬天》

管理智慧

企业的发展总会有高潮，也有低谷，不可能永远一帆风顺，在大背景不好的时候，也会遇到低迷。当企业遇到低迷期时，不能高速发展业绩了，那就要加强队伍素质的建设，培养出一支能够抗压的团队来。华为在发展过程中，也遇到过低迷期，任正非认为想要挺过低迷期，华为就要施行措施，其中一项重要的措施就是提高人均效益。

任正非强调，队伍不能闲下来，一定要有事情可做。华为的团队建设就是要加强和客户的沟通工作，华为的员工要认真听取客户的意见和需求，要全力配合客户，在市场低迷期时，很多企业都按兵不动，养精蓄锐，但华为依然还是满世界跑着维护客户，在维护海外客户时，光差旅费便是一笔很大的支出。

但任正非认为这不能算作成本支出，这是为了锻炼团队必要的投入，就好像一支军队，如果不想出费用去训练军队，那么这支军队在战斗时就会毫无战斗力，就会很快被敌人击败。如果不持续投入，那华为在海外市场上的销售额也就不可能出现巨额的增长，所以，任正非认为在市场低潮期培育一支强劲的队伍，对企业日后的发展事关重大。

李嘉诚说："今天在竞争激烈的世界中，你付出多一点，便可赢得多一点。好像奥运会一样，如果跑短赛，虽然是跑第一的那个赢了，但比第二、第三的只胜出少许，只要快一点，便是赢。我每天不到清早6点就起床了，运动一个半小时，打高尔夫球，晚上睡觉前是铁定的看书时间，白天精神是很好的，精神来自兴趣，你对工作有兴趣就不会累，最累的时候是开会，一个发言者讲了第一分钟，你已经知道他要讲的内容，可是那个人讲了十分钟，你就会感到很疲倦，因为无聊和无奈。有时候我要带花旗参提神，中午我是不睡午觉的，太倦了，会喝点咖啡。两年前我试过上网，但是上网太花费时间了，一上就是两个小时，以后就上得比较少了，我现在用电脑主要是看公司的资料。生意的大门总是向有心人敞开的。如果在竞争中，你输了，那么你输在时间；反之，你赢了，也赢在时间。"

在当下商业竞争如此激烈的社会中，如果不加快步伐和速度，好的商机就会很快被对手抢走。只有永远走在对手前面，才能一直保持不败的地位。

任正非说："对研发所有副总裁级人员也要建立每周有几次见客户的制度。研发副总裁的人员名单要报到客户群管理部，客户群管理部要把对他们的考核交到研发干部部。他们每周也要见几次客户，次数由你们定。坚持与客户进行交流，听一听客户的心声，我们就能了解客户好多想法。我们今天之所以有进步，就是客户教我们的嘛。不断地与客户进行沟通，就是让客户不断帮助我们进步。如果嘴上讲365天都想着产品、想着市场，实际上连市场人员、客户的名字和电话号码都记不住，还有什么用？华为生存下来的理由是为了客户。全公司从上到下都要围着客户转。我们说客户是华为之魂，而不是一两个高层领导，建立客户价值观，就是围着客户转，转着转着就实现了流程化、制度化，公司就实现无为而治了。所以，普遍的客户关系要推广。"为了不让队伍闲下来，为了让市场生产能够上去，华为从过去的客户经理制转变成了客户代表制。

这样做的目的就是要让华为员工能够站在客户的立场来考虑问题，谈到实行这项制度的原因，任正非说："我们常常听不到客户的批评，客户认为我们的员工太辛苦了，工作中有一点点错，告诉公司怕影响他们的进步，有意见也不提了，久而久之，我们就会认为太平无事，但问题的累积则会毁坏整个客户关系。而客户代表则不同，他的职责就是批评公司，大到发货不及时、不齐套，小到在机房吃了东西。只要我们时时、处处把客户利益作为最高的准则，我们又善于改正自己存在的问题，客户满意度就会提高，提高到100%，我们就没有了竞争对手。当然这是不可能的。但企业的管理就是奋力去提高客户的满意度，没有自我批判，当然认识不到自己的不足，何来客户满意度的提高。”

华为要培养一批具有国际领先水平的职业化队伍，任正非希望华为人能够不断促进自己进步，在市场上不断争得一席之地。

延伸阅读：印度随笔

乘12月9日UA航班深夜抵达印度首都新德里，对印度进行了一周的访问。

印度这几年开始改革开放，处在相当于我国20年前刚开放的状态。交通乱哄哄的，环境污染严重，人民比较贫困，赤贫占总人口的30%。由于民族文化问题、宗教问题的牵制及沉重的人口负担的拖累，印度的发展还会有相当困难。与中国相对走上了发展之路，各方面的环境正在理顺相比较，这种差距还会拉大。

我们访问了印度的大学，以及它的高科技开发区，印度的硅谷班加罗尔。

印度有两百多所大学，两百多所高等学院，每年吸纳350万高等教育的学生，许多大学非常出名。我这次访问了印度最著名的大学IIT。它的副校长率七八个相关系的系主任接待了我，也参观了他们的实验室，以及一些博士的研究课题。

印度人很聪明，古代数学与哲学是十分发达的。他们的教授在向我们进行技术介绍时，也恭维我们：中国人也很聪明，硅谷那儿说什么叫IC，就是INDIA＋CHINA，印度人和中国人合起来就叫IC。虽然是风趣的一句话，说明了一个问题，两国人才流失都十分严重。IIT大学的入学资格，差不多考试成绩平均都达97分以上。但学生毕业后，大多去了美国。美国由于提供了好的环境，吸纳了全世界的人才为它创造财富。印度也是倾全力办好重点大学，而重点大学的人才大多去了美国。而国内建设大多靠的是非重点院校的土博士。但这几年已有不少优秀学生留下来。我们参观的W公司，软件人员有五千多人，他们声称每年可以从IIT搞到50名学生。

我们看了一些博士的研究课题，如宽带、高频无线电的一些算法，同行的专家都认为十分优秀，都是世界级的课题。博士们还十分贫穷，穿着一双破旧的拖鞋和寒酸的衣服，好像几十年前我们的学生时代。印度人的高度聪明与国家的高度贫穷，使我们对祖国深感自豪：在中国共产党的领导下，经历了50年执政的努力，把一盘散沙似的贫穷、落后、愚昧的中国建设成统一的、团结的、协作有效的国家。相信有了这个基础，经济发展会更加迅速，再过十年，人民的生活水平和所受教育的程度定会大大地提高，祖国将变得更加美丽可爱。我们由此对自己的祖国充满了更多热爱。

全世界的著名公司都在印度挖掘人才，由于印度相对贫穷，环境不好，大量人才外流。但他们政府的负责人说，中国也有几千万华侨，但这些华侨很爱国，是他所羡慕的。华为公司也决定在印度吸纳一些人才来华工作。我国电子信息人才教育的发展速度，相对落后于产业发展速度。在中国市场全面过剩的情况下，唯有电子信息人才不足，这是一个人才培养的机会点，希望我国的教育要赶上。为了弥补人才不足，以及人才的优势互补，我们决定也在IIT大学建立联合实验室，给科研项目以资助，提供奖学金、奖教金，帮助他们培养人才，其中也吸纳一部分人才到中国来工作，甚至将来可在印度建立分支机构。

我们飞赴南部的班加罗尔，访问了一些著名的软件公司，其中W公司仅进行IT研究的研究人员就达5000人，软件产值达5亿美元，每年利润增幅是68%。因为他们是直接的软件部件出口，因此，标准十分严，是许多国际著名公司的长期供应商。软件如果不规范是无法卖出去的。他们的软件工程被评为SEI4级，争取明年达到5级。全世界只有2～3家5级、十几家4级，我们访问的两家公司都是4级，足以说明印度的软件力量。我问同行的专家我们华为多少级，他们说我们没有级，没有评过。我说：能否请印度公司做顾问，争取在1999年达到SEI1级。

这些联合实验室承担了全球许多著名公司的软件研究，各公司提供的产品硬件都是规模十分庞大的，我们参观了一个容错机实验室，数十个机框联网轰轰地运行，黑压压的一个大厅，相比之下，美国公司在中国的联合实验室只是象征性的、小儿科式的。

华为正在经历建立各项流程管理，并逐步实现流程管理自动化。正在大规模地学习外国先进的科技管理，并逐步应用到自己的实践中来。3～5年后，新的IT建设起来后，当经历了3～5年管理磨炼的员工熟悉国际规范的管理后，企业的核心竞争力一定会大大加强，人均创利、效益也会大大加强。

任何一个国家、任何一个民族，都必须把建设自己祖国的信心建立在信任自己的基础上，只有在独立自主的基础上，才会获得平等与尊重。祖国正在一日千里地进步着，党和政府的一系列政策正在理顺稳定与发展的相互关系。相信十年以后，伟大的祖国会更加美好。

第九章

国际化管理：东方不亮西方亮

2002年开干部大会是在IT泡沫破灭，华为濒临破产、信心低下的时候召开的，董事会强调在冬天里改变格局，而且选择了鸡肋战略，在别人削减投资的领域，加大了投资，从后十几位追上来。那时世界处在困难时期，而华为处在困难时期，没有那时的勇于转变，就没有今天。今天华为的转变是在条件好的情况下产生的，我们号召的是发展，以有效的发展为目标。我们应更有信心超越，超越一切艰难险阻，更重要的是超越自己。

——任正非

积极扩大海外市场，黑了北方有南方

管理语录

我们要积极扩大海外市场。“东方不亮西方亮，黑了北方有南方”。我们扩大海外市场，就可以扩大我们的生存空间，提高我们的生存质量。我们的员工要前赴后继地奔向国际市场。世界各地，特别是发展中国家，经济水平存在严重的不平衡，存在很多机会，对于这些地区的市场开拓，我还是很有信心的。我们多一些人到海外去，在这些领域内多发展，就解决了我们公司的平衡问题。这样，虽然市场下滑，但是我们合理配置，人均效益会上去。

要特别说明，千万不要把差的人推荐到海外去。千万不要像卸包袱一样地向国外卸，这一点大原则要明确。建议干部部门要建立制度，凡是哪个办事处推荐的员工在海外出问题，推荐他的主任就要给予一定的处分。

在国内市场上我们的增长速度可以下滑，但不能低于别人。截至5月底，我们在国内的销售下滑了17%，海外上升了210%，5月底之前完成了100多亿的销售。财务要求市场系统今年一定要完成300亿的销售。此外还不断要求各部门降低成本，保证今年下半年的盈利。

我们要把质量提高，把服务做好，同时把成本降低。大家都认为成本低就是指料本低，其实成本的构成是方方面面的。每一个部门都要冷静反思，过度地降低成本我不赞成，但是不认真研究成本下降我也不接受。比如销售成本，国内一个2000万美元的单，有十几人在围着转，海外一个人手里握着几个2000万美元的单，国内的人力资源是过剩的，我们就要源源不断地强制性地抽优秀员工到海外去。尽管国外的成本和费用比国内的成本高得多，我们还是要源源不断地向海外输送人才。

——任正非2004年11月，《华为如何度过冬天》

管理智慧

2006年，华为全年销售收入达到了656亿元，海外销售额所占到的比例非常大，超过了65%。其中，在移动网络、固定网络、业务软件和IP等业务领域逐渐显现出良好的增长态势，华为得到了许多世界一流运营商的认可。在2007年1月，华为服务于“全球电信运营商50强”中的31家，华为打进了很多国家的市场，并取得了骄人的成绩。

任正非认为：“华为这艘目前不大也不强的战舰已经驶向国际商战的汪洋大海，经历着国际竞争的惊涛骇浪。”国际化是任正非奋斗多年的目标，他希望华为能够走出国门，站在世界的市场舞台中央，但任正非也清醒地认识到，华为的国际化并非出于管理者的虚荣心，也不是为了追赶当下企业都要走国际化路线的时髦想法，而是华为生存和发展的必要举动。

全球化是不可避免的，早在1995年，任正非就清楚地认识到了这一点，国内通信骨干网络已经基本铺设完成，国内电信基础设施大规模的投入期也即将过去，到时候，国内的市场很难支撑华为这么大规模的企业再继续良性地发展，想要寻求新的突破，维持企业的运作，华为就必须寻找新的发展空间，国际市场就是华为要踏足的新舞台。

任正非表示："华为不可能回避全球化，也不可能有寻求保护的狭隘民族主义心态。因此，华为从一开始创建就呈全开放的心态，在与西方公司的竞争中，华为学会了竞争，学会了技术与管理的进步。"对中国很多企业来说，从国内市场迈入国际市场是理想的道路，但这条道路走得会非常辛苦和艰难，途中会遇到各种各样的困难。华为之所以能够成功打入国际市场，就是因为任正非敢于竞争、勇敢面对挑战。他表示面对全球化趋势时，不要封闭自己，要打开自己，向西方学习的同时，也要和他们竞争。

想要在全球的市场上占有一席之地，在很多方面都要做到与时俱进，华为在管理上一直都要实现与国际巨头看齐的目标，技术开发也要和国际巨头企业看齐，甚至要超越他们，在人才的招揽方面也是如此。方方面面的追求最好，令华为成功抢占到了国际市场，华为的国际化是以拥有自己的核心技术为前提的，以自主研发的设备抢占了国际市场，赚取了核心技术所带来的巨大利益。

任正非明白，想要在国际市场立于不败之地，就要独立强大起来，不能依靠国外的先进技术，华为要有自己能拿得出手的技术和设备才行，这样，华为和国际上那些大公司的合作才能处于平等互惠的关系，才能实现优势互补。

也可以说，华为的国际化是中西结合的国际化，是具有华为特色的国际化，华为之所以能稳扎稳打进入国际市场，就是因为任正非在对华为的管理上，一直都是高要求，要与国际上的大企业缩短距离。随着华为越来越国际化的发展，原本的差距越来越小，甚至到如今，是那些企业与华为有了差距，是他们需要追赶华为。

活下来是我们真正的出路

管理语录

当市场出现困难时，我们怎么在市场上呈现并保持非常好的形象，给人增强信心，是很重要的。好多人打电话跟我说合同少了，去年一做就两个亿，今年连2000万的合同都没有了，难做了。其实，难做以后方显英雄本色呀。好做，人人都好做。难做的时候，你多做一个合同，别人就少一个。就像下围棋，我们多了一个气眼，别人就少了一个气眼。就是多一口气嘛。市场竞争，我们讲多留点给别人，首先我们得自己先活下来，如果我们自己也活不下来，按市场法则本身就是优胜劣汰。国际上的市场竞争法则不是计划法则，是优胜劣汰，客户也是嫌贫爱富的，银行也是嫌贫爱富的。富人谁想贷款，银行抓住你，穷人见死都不救。因为救死扶伤是民政部门的事，不应该由银行来承担对社会的救死扶伤问题，也不能依靠我们这样的先进企业。我们缴纳税收，由国家拿这些税收来解决这些救死扶伤的问题。兄弟公司之间竞争的时候，我们要争取更大的市场份额和合同金额，这才是我们真正的出路。

我们现在要有精神准备，要振奋起精神来。海外情况非常好。今年独联体地区部、亚太地区部会在上半年开始有规模性的突破。大家知道今年一季度我们出口大于内销，国内销售低于出口。当然国内是萎缩了一点，但是出口也涨得太猛了一点，比去年同期增长了357%。今年下半年后，我们认为中东、北非地区部要起来。昨天走在马路上，听了东太平洋地区部的汇报，今年也要销售7000多万美元。发达地区欧洲地区我还没听汇报。去年汇报比较保守的今年也起来了，我想明年南美地区部也要起来，南美地区现在在做什么呢？到处在测试，到处在开实验局，这就是市场开始走向新的培育的迹象。中东、北非地区今年夏天可能起来。“9·11”后，常征坐不住了，本来在公司还能工作半年，坐不住了，要回北美去。我对他说，“9·11”后大家不想坐飞机，开起会来，会议电视肯定就有市场，美国我想几十亿美元的市场可能还是存在的。我们的产品还是有一定竞争力的。我们在国内，为了抢一个2000万的项目投入的力量是七八十人；而我们在国外，一个2000万的项目还分配不了一个人，一个人同时得管好几个项目。我认为今年中东、北非地区会起来，去年销到几千万，今年应该会有更大规模。出口的利润还是很好的。智能网国内6块一线，国外15～40美元一线。还是要出口。我认为有必要动员大家，至少动员在座的部下，要输出一些到海外去，海外的进步是很大的。当时出来时，一些人认为公司不要我们了，把我扔出来了，出来几年一看，感觉在海外的锻炼很大，进步很快，成长很快。这是客观事实。新的一年里，我们还会继续遇到困难，其实越困难我们越有希望，也有光明的时候。因为我们自己内部的管理比较好，各种规章制度的建立也比较好。发生市场波折时，我们是最有可能存活下来的公司，只要我们存活下来，别人就最有可能从这上面消亡。在人家走向消亡时，我们有两个原则，第一，我们应该吸纳别的公司优秀的员工，给他们以成长、出路的机会。所以市场部的员工心胸要开阔，能包纳很多优秀员工进来；第二，在座的及你们的部下，要选派一些好的到海外去。加强对中东及好多国家的增兵，增加能量。大家要有新思维、新方法和创造性的工作及思维方法去改善这种市场的状况。

——任正非2002年，《迎接挑战，苦练内功，迎接春天的到来》

管理智慧

在2003年，高德纳咨询公司亚太区副总裁罗宾·辛普森在报告中就曾告诫过中国的通信制造企业，他说仅仅靠国内的市场，这些企业将来的发展会变得很危险。因为将来所有通信设备商都会很国际化。

所以，通信制造企业想要长久发展，就要早早考虑国际化的问题，任正非未雨绸缪，早就对这个问题进行过思考。他认为华为一定要走出去，他说："随着中国即将加入WTO，中国经济融入全球化的进程将加快，我们不仅允许外国投资者进入中国，中国企业也要走向世界，肩负起民族振兴的希望。

"在这样的时代，一个企业需要有全球性的战略眼光才能发愤图强；一个民族需要汲取全球性的精髓才能繁荣昌盛；一个公司需要建立全球性的商业生态系统才能生生不息；一个员工需要具备四海为家的胸怀和本领才能收获出类拔萃的职业生涯。

"所以，我们要选择在这样一个世纪交替的历史时刻，主动地迈出我们融合到世界主流的一步。这无疑是义无反顾的一步，但是难道它不正承载着我们那要实现顾客梦想，成为世界一流设备供应商的使命和责任吗？难道它不正是对于我们的企业、我们的民族、我们的国家，乃至我们个人，都将被证明是十分正确和富有意义的一步吗？是的，我们正在创造历史、与文明同步！”

任正非选择走国际化的道路，也是为环境所逼迫，是为了让华为能够更好地活下去。1995年，中国通信市场竞争环境发生了改变，当时通信设备的关税相对较低，导致了国内市场和国际市场的竞争越来越激烈。很多国际巨头公司将国内的企业步步紧逼得连连退缩，很多起步的国内企业在国际大企业的挤压下，出现了颓势。

很多国内电信设备企业的销售额已经不能和以前相比了，为了活下去，任正非便从大局来看整个全球大环境，任正非也就是在1995年前后，坚定地认为华为必须是走国际化路线的。于是，从1996年开始，华为就开始了国际化的布局，为了开拓国际市场，华为在8年的时间里相继投入了100亿人民币，这样的大手笔投入，正是因为任正非知道，必须要开拓出国际市场，不然华为就会活不下去。

华为在刚开始涉足国际市场时，非常辛苦，没有什么大收获，但任正非坚持不放弃，就是因为他知道必须要拿下国际市场，只有这样华为才能活下来，只有活下来才是华为真正的出路。

外延的基础是内涵的做实

管理语录

扩张必须踩在坚实的基础上。

如果没有坚实的基础，擅自扩张，那就等于自杀。大家想一想，如果我们的产品既不可靠，也不优良，仅仅是我们的广告和说明书写得很好，我们一下子撒出去一大批产品，那会是什么结局？如果我们没有良好的售后服务体系保障，我们面对的将会是什么样的局面？如果我们的制造体系不是精益求精，扎扎实实寻求产品的高质量和工艺的先进性，那么我们产品使用在前方会有什么问题？当我们的服务系统不计成本进行扩张，我们也会走向死亡。这些假设的问题都是要解决的，就是要造就坚实的发展基础。坚实基础如何造就？要靠全体员工共同努力来推动公司管理的全面进步。

——任正非1998年，《不做昙花一现的英雄》

管理智慧

想要打开国际市场不是那么容易的，在华为准备开拓国际市场的时候，想的还是沿用国内市场所采用的“农村包围城市”的战略，先将较容易的市场攻克下来，站稳脚跟后，再慢慢攻克较难攻克的市场，所以，在这种思想下，华为先瞄准的市场是离深圳比较近的香港市场。

1996年时，香港和记电信刚刚获得固定电话运营牌照，需要在很短的时间里实现移动不改号的业务，和记电信希望这个时间能够控制在三个月里，但和记电信找到的那些大的设备供应商不但价格昂贵，他们需要的时间也很长，至少也要半年的时间才行，这些设备供应商还是欧美一些大供应商，和记电信看到这些大供应商都没办法在三个月时间里实现移动不改号的业务，觉得无计可施了，正在这个时候，有人推荐了华为。

华为接下了这个项目，并且在三个月内完成了任务，让和记电信很满意。华为比起其他大设备供应商来说，价格也低了不少，而且华为在提供新的电信业务生成环境的灵活性方面也很让和记电信欣赏，华为提供的设备可以放在楼梯间里，很符合香港人多地少的特点，华为完成和记电信的单子，打开了在香港的市场，而和记电信在产品质量和服务等方面近乎“苛刻”的要求，华为也都能完成得很好，让和记电信很满意。

有了这一步成功之后，华为开始继续拓展业务，开始考虑发展中国家的市场拓展，首先考虑的是俄罗斯和南美地区，因为这些地方的市场规模相对比较大，需求会比较多。1997年4月，华为就在俄罗斯当地建立了合资公司，以本地化模式拓展俄罗斯市场。在前几年，华为拓展市场的进程很不顺利，但华为没有放弃，不断努力终于有了成效，从2000年开始，华为在俄罗斯市场有了盈利，并且市场占有率还在不断增加，成了俄罗斯前几名的设备供应商。

虽然在俄罗斯取得了成绩，但在南美地区的市场拓展可不是这么顺利，虽然华为也在巴西建立了合资企业，但由于当地的经济环境持续恶化等外部因素，导致华为在当地的拓展一直不太顺利。

虽然在开拓国际市场上遇到不顺利，但华为没有停下脚步，从2000年开始，华为开始在泰国、新加坡、马来西亚等东南亚市场以及中东、非洲等市场开拓。在华人相对比较集中的国家和地区，华为拿下了几个大单，取得了良好的销售业绩。随着市场一步一步地被打开，华为在发展中国家取得了不错的成绩。

有了在发展中国家打下的良好基础，华为开始逐渐向发达国家的市场“进攻”。首先从西欧市场上入手，从2001年开始，华为以10GSDH光网络产品进入德国，开始和德国当地著名的代理商合作，通过代理商，华为成功打入了德国的市场，并且做出了不错的业绩，继而，华为又在法国、英国等国家开拓出了市场，西欧的市场被华为占得了一席之地。

相比起来，北美市场的开拓就困难一些，华为虽然有全球最大的电信设备市场，但北美也有很多巨头企业，诸如思科等企业。华为想要在北美市场搏出一席之地非常困难，华为的很多产品虽然都实现了在北美市场的销售，但业绩始终没有大的提升。华为没有放弃努力，一直在技术研发和管理服务等方面不断提升自己。

终于在2004年2月，华为等来了机会。华为总部接到了奥运会承办方的电话，希望华为为即将召开的雅典奥运会提供全套的GSM设备系统，而且奥运会承办方还向华为说明，这次会立即支付900万美元的定金。这个举动对华为是个很大的肯定，因为一向程序严格烦琐的奥运会承办方竟然会这么直接地将定金付给华为，可以说他们是非常认可华为的能力的。

之后，华为在英国东南部的贝辛斯托克市设立了欧洲地区总部，这是华为在海外最大的机构之一，英国《泰晤士报》对华为这一举动的权威评论，是中国企业走向国际化的重要标志。

从开始决定进军国际市场开始，华为便不断加强自己，经过艰苦卓绝的努力，华为在海外市场上取得了重大突破。2010年任正非在《以客户为中心，加大平台投入，开放合作，实现共赢》中说道：“敢于加大平台投入，敢于去挑战未来，只要我们能在世界上真正站起来，不管美国怎么反对，也得买我们的产品。多年来美国一部分人、一部分媒体，长期歪曲、攻击我们，说明我们的美丽已经让他们嫉妒。难道林志玲的美丽是歪曲可以改变的吗？她的光芒是嫉妒可以阻挡的吗？我们要以此为自豪、为信心，我们要更加投入，使我们美丽，更美丽。平等的基础是力量。”

海外不打价格战，寻求共赢

管理语录

这些年，我们一直跟国际同行在诸多领域携手合作，通过合作取得共赢、分享成功，实现“和而不同”。和谐以共生共长，不同以相辅相成，这是东方古代的智慧。华为将建立广泛的利益共同体，长期合作，相互依存，共同发展。例如，我们跟美国3Com公司合作成立了合资企业。华为以低端数通技术占股51%，3Com出资1.65亿美元（占股49%），3Com就可以把研发中心转移到中国，实现成本降低。而华为利用了3Com世界级的网络营销渠道来销售华为的数通产品，大幅度地提升产品的销售，2004年销售额增长100%，这样使我们达到优势互补、互惠双赢，同时也为我们的资本运作积累了一些经验，培养了人才，开创了国际化合作新模式。我们后来和西门子在PDS方面也有合作，在不同领域销售我们的产品，能达到共赢的状态。

在海外市场的拓展上，我们强调不打价格战，要与友商共存双赢，

不扰乱市场，以免西方公司群起而攻之。我们要通过自己的努力，通过提供高质量的产品和优质的服务来获取客户认可，不能由于我们的一点点销售来损害整个行业的利润，我们绝不能做市场规则的破坏者。

——任正非2005年7月，《华为与对手做朋友：海外不打价格战》

管理智慧

价格战是很多企业在竞争时常用的手段，为了打压对手，便故意将自己的产品价格压低，以寻求更多的客户。价格战的确能够抢占更多的客户，打开更广的市场，但这种手段并不磊落，常常会受到竞争对手的指责。任正非是不主张打价格战的，他认为华为想要在国际市场上立足，更大程度上要考虑的是国际市场的情绪。在国际上，中国制造的商品，常常会因为价格低廉，而遭到西方公司各种理由的拒绝，因为中国制造的低廉价格令这些西方公司失去了市场，为了能够在国际市场上良性发展，任正非认为应当寻找一条共赢的道路。

就像任正非说的那样："我们把竞争对手称为友商，我们的友商是阿尔卡特、西门子、爱立信和摩托罗拉等。我们要向拉宾学习，以土地换和平。拉宾是以色列前总理，他提出了以土地换和平的概念。2000年IT泡沫破灭后，整个通信行业的发展趋于理性，未来几年的年增长率不会超过4%。华为要快速增长就意味着要从友商手里夺取份额，这就直接威胁到友商的生存和发展，可能在国际市场到处树敌，甚至遭到群起而攻之的处境。但华为现在还很弱小，还不足以和国际友商直接抗衡，所以我们要韬光养晦，要向拉宾学习，以土地换和平，宁愿放弃一些市场、一些利益，也要与友商合作，成为伙伴，共同创造良好的生存空间，共享价值链的利益。我们已在很多领域与友商合作，经过五六年的努力，大家已经能接受我们，所以现在国际大公司认为我们越来越趋向于朋友。如果都认为我们是敌人的话，我们的处境是很困难的。”

其实，华为进入国际市场，对于那些西方国家的电信运营商来说也是一件好事，让华为成为他们的供应商，可以使他们摆脱那些老牌电信设备提供商，那些老牌的电信设备提供商一直以来处于近乎垄断的地位，对于电信运营商来说，价格无法谈下来，但华为迈入国际市场，则打破了这种垄断，使那些电信运营商在采购设备的时候有了压价的砝码。

所以，华为进入国际市场有很好的前提，任正非很明白这个机会的重要性：“在某些时候，国际电信运营商适当推出华为这家后起之秀，高调发布与华为合作的消息，一定程度上是向那些老牌电信设备制造商发出这样一个信号——不要再向我们耍横，在遥远的中国，已经有了一家可以替代你们的合作伙伴，再让我不高兴，我们可以把你们从我们的供应商名单中去掉。”

但是，任正非知道想要将华为打入国际市场的路走顺，就不能跟那些老牌的电信设备提供商把关系搞僵，不然他们联合起来，华为的日子也不会好过。所以，在最初进入欧洲电信市场的时候，华为只是和当地小型电信运营商合作，随着拓展范围的加深、服务质量的提高，华为逐步获得了越来越多客户的信任，慢慢成了可以和欧洲老牌电信设备提供商平起平坐的商家。

在这时，任正非没有头脑发热想要占领全部市场，他说世界电信市场三分天下，华为必有其一。华为没有想要占领国际上全部的电信市场，只是要和其他商家平衡发展，华为也不会为了竞争打价格战，华为一直在动态的平衡中维持自己的市场份额。

任正非认为保持合理的毛利水平，不要破坏行业价值。他说道："在行业市场里，我们要保持合理的毛利水平，不能破坏行业价值。我们搞了二十几年才刚刚明白电信运营商需求大概的样子。那我们奋斗了25年还没有理解一个客户，你们企业网搞了这么多客户怎么理解他？我们理解不了，就要把理解客户需求的成本加到这个客户身上去。所以你要把价格卖贵一点，为什么卖那么便宜呢？你把东西卖这么便宜是在捣乱这个世界，是在破坏市场规则。西方公司也要活下来啊，你以为摧毁了西方公司你就安全了？我们把这个价格提高了，那么他们说，华为做了很多买卖，对我们价格没有威胁，就允许它活下来吧。"

共赢的市场是平衡和谐的市场，这样的市场能够使供应方和接收方都良性发展，不会因为恶意的竞争而陷入经营的困局中去，任正非寻求的华为海外市场，正是这样的一种局面，令华为能够在寻求发展的同时，又不会陷入你争我夺的无限竞争战之中。

就像任正非说的那样："合不合作都是利益问题，我个人是主张竞合。我们强调聚焦，聚焦后我们还是需要很多东西，就去和别人战略合作，而且是真心诚意的合作，我们就有帮手去抵抗国际上的压力。

"合作要找强者合作，比如有时候我汽车没油了，我就蹭他的车坐一坐，总比我走路好，总比我骑毛驴好。所以我们要敢于、要善于搭上世界各种车，我们这个利益就多元化了，利益多元化，谁能消灭你？

"就像微软，多少人在微软Windows上开发了二次应用、三次应用，如果微软没有了，他的所有应用都要重新搞一遍，他怎么会希望微软垮掉呢？苹果短期也不会垮掉，因为苹果有很多伙伴，你看现在教学系统都是用苹果软件，上苹果APP Store，教材全下来了。我们也要向这些公司学习，也要走向这条路。

· “合作伙伴越多越好，但如果我们去集成，我们就树立了一大堆敌人，就要去颠覆这个世界。谁要颠覆这个世界，那最后他自己就会灭亡。所以我认为还是要利用盟军的力量，我只要搭着你的船，能挣点钱就够了，我为什么要独霸这个世界呢。”

打造能在国际上驰骋的品牌

管理语录

我们没有像Lucent等那样雄厚的基础研究，即使我们的产品暂时先进也是短暂的，不趁着短暂的领先，尽快抢占一些市场，加大投入来巩固和延长我们的先进性，否则一点点领先的优势会稍纵即逝，不努力，就会徒伤悲。我们应在该出击时就出击。一切优秀的儿女，都要英勇奋斗，绝不屈服地去争取胜利。

我们的游击作风还未褪尽，而国际化的管理风格尚未建立，员工的职业化水平还很低，我们还完全不具备在国际市场上驰骋的能力，我们的帆船一驶出大洋，就发现了问题。我们远不如阿尔卡特、爱立信、诺基亚、思科……那样有国际工作经验。我们在国外更应向竞争对手学习，把他们作为我们的老师。我们总不能等待没有问题时才去进攻，而是要在海外市场的搏击中，熟悉市场，赢得市场，培养和造就干部队伍。我们现在还十分危险，完全不具备这种能力。若三至五年建立不起国际化的队伍，那么中国市场一旦饱和，我们将坐以待毙。今后，我们

各部门选拔干部时，都将以适应国际化为标准，对那些不适应国际化的，要逐步下调职务。

——任正非在欢送海外将士出征大会上的讲话

管理智慧

企业的品牌是企业的整体形象，品牌响亮了，企业的形象才能打出去，未来的生意才能好做。从华为创立之初，任正非就不仅仅想要把华为这个品牌在中国打响，他的目光着眼于世界，他想要将华为打造成国际品牌，从华为的含义——“中华有为”中我们就可以看出任正非的远大理想。

通信企业宣传品牌形象和推销产品的一个重要的手段就是参加展会，因此只要有国际通信展会召开，任正非就会派员工参加，借此来宣传华为。现任华为常务董事的李杰曾回忆说：“1996—2000年，我们每年都要参加几十个国际顶级的展览会，一有机会就到国际舞台上展示自己。从1995年开始，我们到日内瓦去看国际电联ITU的展览会，1999年华为开始参加ITU的展览会，到2003年华为参加ITU展览会的时候，租下的是一个505平方米的展台，成为当时场面最大的厂商展厅之一，给了西方电信运营商一个颇具震撼力的印象。”虽然华为在展会上的投入至少需要一个亿，是一笔极大的开销，但是任正非并不后悔，他说：“活下来是我们真正的出路，国际上的市场竞争法则是优胜劣汰，难做的时候，你多做一个合同，别人就少一个。”

每一次参加展会，华为的员工都会煞费苦心地布展，展示华为的品牌形象。华为的展台一般会与国际巨头的展台相邻，并且必须要比他们展台的规模大，布置也要比他们更细致，以此来引起关注。每次展会华为都会展示一些新技术和新产品，在对产品进行宣传的同时，也展示了华为强大的实力。通过一次又一次的展会，华为营造了让世界了解自己的平台。

同时，在国内很少做广告的华为从2005年开始，在海外进行了大量的广告投放，在诸如《经济学人》《商业周刊》、CRN等国外知名的杂志上，人们都会看到华为整版的广告。为了能够打造符合主流文化认同的国际化形象，华为甚至不惜重金邀请国际著名的品牌设计公司为其换标。2006年5月初，华为宣布更换使用了二十多年的华为技术有限公司标志，新标志是一个红色的花瓣，在保持原有标志蓬勃向上、积极进取的基础上，更体现了聚焦、创新、稳健、和谐的理念，这个大气简洁的标志体现了华为国际化的品牌气质。

华为还十分重视用户的体验，注重用户间口碑传播，以期进一步扩大影响力。2000年，华为在香港开展了名为“东方丝绸之路”的品牌推广活动，即把全球各地的电信专家、运营商的决策层请到中国，领着他们到香港、北京、深圳、上海等地去参观，通过这种亲身体验，许多国外客户发现华为和国际知名品牌相比毫不逊色，华为通过这次推广活动，不仅提升了品牌形象，也使客户的忠诚度大大提升。

就这样，靠着生猛的性格、过硬的产品质量、优惠的价格、以客户为中心的服务以及成熟的渠道运作等优势，华为迅速打开了国际市场新局面，已经与西门子、松下、英特尔、IBM等多家国外知名企业开展多方面的研发和市场合作，并成立了合资公司。

据统计，2005年，华为的销售额达到453亿元，其中海外市场达到32.8亿美元，海外市场首次超越国内市场。在华为2012年全年的销售收入中，更是高达66%的收入来自海外市场。华为正从一家很小的通信产品代理商成长为国内首屈一指、国际声誉日隆的电信设备供应商，成为真正的国际化品牌，在国际化的道路上越走越远。

海外市场拒绝机会主义

管理语录

通信行业是一个投资类市场，仅靠短期的机会主义行为是不可能被客户接纳的。因此，我们拒绝机会主义，坚持面向目标市场，持之以恒地开拓市场，自始至终地加强我们的营销网络、服务网络及队伍建设，经过九年的艰苦拓展、屡战屡败、屡败屡战，终于赢来了今天海外市场的全面进步。

——任正非2005年7月，《华为与对手做朋友：海外不打价格战》

管理智慧

华为在1995年决定进军海外市场后，就着手制定了一系列打开海外市场的战略方针，这场征程是长期投入的过程，绝不是去“捞一把金”就撤走的打算，所以，任正非在一开始就告诫华为的员工进军海外市场要拒绝机会主义，一定要本着踏实肯干、吃苦耐劳的精神才行。

作为一家技术型的企业，华为想要通过技术的优势在国际市场上打开局面，在一开始并不容易。在国内，华为虽然能够算得上是技术领先的企业，但来到国际市场上，想要通过技术获得订单在一开始几乎是不可能的，因为海外那些同行业的企业技术本来就是世界一流的，技术和他们没有什么竞争力。但如果华为想要通过降价来拉拢客源，也是不可取的，毕竟想要打开市场，最终靠的还是过硬的产品质量。

所以，在国际市场上，就不能想那些投机取巧的营销方式，要靠实力说话。这也就是为什么在进军海外市场之前，任正非会指定要求被派驻到海外的华为工作人员一定要本着实事求是的原则，在技术和生产上一定要精益求精，不得有半点松懈，把每一个研发产品做到最好，力求完美，这样才能用过硬的产品质量来慢慢打开市场。

抱着打持久战的准备，任正非并没有急于在一开始时就想要赚回利润，在华为刚进入海外市场时，因为没有什么名气，订单接得非常少，销售额增长得十分缓慢。但是，任正非没有为此改变初衷，他依然坚持“海外市场拒绝机会主义”这个原则，没有像其他一些利益至上的企业那样，施展各种手段圈钱。

“古时候有则寓言，兔子和乌龟赛跑，兔子因为有先天优势，跑得快，不时在中间喝个下午茶，在草地上小憩一会儿啊！结果让乌龟超过去了。华为就是一只大乌龟，25 年来，爬呀爬，全然没看见路两旁的鲜花，忘了这二十多年来经济一直在爬坡，许多人都成了富裕的阶层，而我们还在持续艰苦奋斗。爬呀爬……一抬头看见前面矗立着‘龙飞船’，跑着‘特斯拉’那种神一样的乌龟，我们还在笨拙地爬呀爬，能追过他们吗？我们要持续不懈地努力奋斗。乌龟精神被寓言赋予了持续努力的精神，华为的这种乌龟精神不能变，我也借用这种精神来说明华为人奋斗的理性。我们不需要热血沸腾，因为它不能点燃为基站供电。我们需要的是热烈而镇定的情绪，紧张而有秩序的工作，一切要以创造价值为基础。”任正非给华为员工讲过这样的故事，他认为龟兔赛跑比的不是速度，而是耐力。

华为在海外市场上，持续不断地投入人力和物力，任正非争取让海外的员工尽快熟悉当地的市场还有消费倾向，让当地的消费者慢慢了解华为的产品，然后慢慢熟悉华为的产品，再到慢慢接受华为的产品，让当地的消费者对华为的产品能够产生百分之百的信赖，和华为建立长期合作的战略伙伴关系，这样，市场才算真正地打开了。

针对每个国家、每个区域的不同特点，华为员工都一一做了分析，通过不断地摸索，对市场有了非常深入细致的了解，这样才能有的放矢，不会做到盲目营销。比如华为在国内的“农村包围城市”的战略实施得非常好，华为的员工就想将这个战略搬到国外去实行，但他们准备选择西欧一些相对比较贫困的国家作为突破口时，他们到了当地发现如果当地的运营商采购欧盟厂商的产品，能够享受到欧盟很多政策补贴，所以，这些国家不会采购华为的产品，因此华为的工作人员没有推行这条战略。

就是在这样不断地摸索中，华为逐渐在国际市场中探索出一些门道，一开始必须要找到合适的代理商和合作伙伴，毕竟是在海外做生意，人生地不熟，如果没有代理商，很难和运营商达成合作关系。所以，打开海外市场的第一步就是要先和代理商合作，由代理商带着他们去见运营商。一来二去，华为就能够清楚地了解到在当地哪些代理商做得比较大、比较好，进而会优先选择代理商。

然后通过代理商快速地打开市场，这样稳扎稳打，一步一步慢慢来的战略，是任正非特别强调的。他不希望华为在海外市场广撒网，他认为广撒网不但不会捞到鱼，还会让华为陷入资金紧张的状态。而且无目的地到处投资，找客户，会让海外客户认为华为不够专业，不够可靠。

华为每一步都走得踏踏实实，没有一点冒进的成分在其中。

华为经过不懈的努力，海外的销售额已经逐渐赶超了在国内的销售额，做得非常棒。华为能够在海外取得如此骄人的成绩，和任正非正确的战略眼光分不开，也和华为人的勤勉努力分不开。

延伸阅读：走过亚欧分界线

因合营公司合同的签订，在今年4月8日抵达了乌拉尔山西麓的乌法市，这是俄罗斯的军工重镇，距亚洲仅3个小时的路程。日夜加班赶制文件，十分疲劳。回莫斯科的飞机又要到第二天晚上10点才起飞，在签字仪式后，主人安排我们去亚洲一游。

残雪消融，溪流淙淙，嫩芽初上的白桦树。汽车一直向东奔驰，无边无际的黑土地，无边无际的原始森林。土地黑得流油，对一个童年时期生长在贫困的石灰岩山区的我来说，您想想得有多大的感慨。我因为没有看见过原始森林，还专门乘坐破旧的公共汽车，到西双版纳看森林，见到乌拉尔这连绵数百公里的森林，感慨得所有话都堵在心里，说不出来。

翻越著名的乌拉尔山——亚欧的分水岭，进入了亚洲。这么轻而易举地越过了洲际分界线，一点壮怀都没有。乌拉尔山实际上是一个南北走向、长约数千公里的小土包，高度不过几百米。全是土质，长满了森林。孙亚芳在《揭开以色列高速发展的秘密》一文中，感慨上帝给了欧洲很好的条件。想想我们西北光秃秃的，真是天壤之别。但想想以色列在那么贫瘠的土地上，创造了人间奇迹，我们的西北为什么不能改变，云贵高原的自然条件与瑞士差不多，只要有自强不息的精神，不断地提高教育水平，为什么不能变成西南瑞士。

去年我们08机进入了香港的市话网，而且开通了许多内地未开通的业务，取得了一定的成绩。今年我们向俄罗斯发起了冲击，这是在俄罗斯积蓄了三年的市场力量，得到了初步的进步，冲出了亚洲，不过才几百公里。要冲进西欧还得付出更大的努力。关山重重，任重道远，前面的困难还不知道会有多少。我们如何去赢得这块市场对我们的信任，三年来，我们有数十个代表团访问俄罗斯，前后数百人次。俄罗斯代表团也数次访问华为，但我们真正对俄罗斯了解多少，能否打开市场，仍然没有把握。

俄罗斯有丰富的天然资源，有世界上最大的土地与森林，世界第一位的黄金、钻石矿，世界首屈一指的石油储藏，受教育程度较高的人民，宇航业一直走在世界前面，但现在却经济困难得半年、一年发不出工资，军队的基本生活维持不下去，物价飞涨，确实遇到了十分严重的经济危机。多年来西方对它的许诺，仍停留在纸上。为什么会出现这么大的困难呢？这是政治家研究的事。

中俄两国要大力地在基层经济上交流，以巩固这种相互的友好。一切拥有中国品牌的优秀企业，都应到俄罗斯市场上去一显身手，在优势互补的条件下，促进中俄友谊，使美国独霸世界的野心不能得逞。五国协定的签订，也向世界表明了中国永不扩张。中国在自己的国界内，努力开发资源，特别是智力资源。控制生育，优生优育，大力开展教育，提高全民族文化素质，以创造更多财富，满足逐步减少的人口需要。

华为公司的跨国营销是跟着我国外交路线走的，相信也是会成功的。俄罗斯这几年的情况，对我国是一个借鉴。俄罗斯市场上商品十分丰富，几乎全是进口的，价格很贵，人们买不起，大多是新贵们享用。俄罗斯工业品在市场上很少，人们怎么能富裕？俄政府在宣传上大力提倡使用国货，拍卖政府官员的进口小汽车，努力恢复国内工业。这次塔斯社对华为在俄的投资和技术转让，给予了很高的评价。俄正在着手一系列的工业合作，增加进口关税，以扭转国内工业处于不利的位置。以史为镜，才能使自己的祖国走上正常发展的道路。

我们在乌拉尔山顶上，在汽车的后盖上铺上桌布，吃了一顿并不丰盛的午餐。但我们已体会到主人的真诚。在俄罗斯法制环境尚未健全，友谊与信任也是一种约束力量。俄罗斯人民是友好的，他们的小伙、姑娘这么漂亮，以至于在贝加尔湖的山沟里也具有这么震撼人心的美。只要我们加强沟通，增进信任，相信我们的内心会一样的美。

回程时我们在马雅可夫斯基几十年前吃过饭的一个小木屋酒店，吃了一顿便餐，喝了马奶。他们区长热情地接待了我们，阐述了迫切需要中国的手扶拖拉机等小型农具的问题。他们的农庄解体后，大型的机械不适合自耕农，中国的各种小型机具比较走俏。巴斯吉尔共和国副总理也向中国大使馆科技参赞张连赢表达了想合资在俄生产小拖拉机的愿望。他们对中国的建设成就很感兴趣。

回到了莫斯科，俄政府有关部门接见了我们，他们对中俄之间的技术合作给予肯定，而且对华为拥有的技术给予了很高的评价。双方着重讨论了如何为俄罗斯培养专家的问题。高层的政府官员，对中国商品都给予肯定，不同于一般的市民那样反感中国商品，他们受伪劣商品的害太深了。高级官员说，他们在全世界都看到，中国商品很好，唯在俄不好，是管理问题。对中国成就的肯定，就有利于对我司的肯定。国际通信莫斯科展就要开始了，这是华为第二次在莫斯科参展，也许不会像第一次那样，人们是在惊奇与怀疑中看完的。也许得到的肯定会多一些。在国际市场上我们与西方国家竞争，他们背负着国家的无形资产，是在人们崇洋的心态下进入的，不管什么商品，德国货就让人信任。你知道有多少辛酸，我曾让王晓静写一下，陈志立跑了一天，晚上11点还没吃饭，拿到我们从国内带去的方便面，吃得这么香。梁国世每天不断地喊话（通信不好，大声说话），嗓子像公鸭一样。而且孤身一人在俄工作了这么久。是这种不屈不挠的奋斗精神，支撑他们跌倒了再爬起来，擦干身上的泥水，又前进的。是他们在一次一次的失败中，相互包扎好伤口，又投入战斗。华为在国际市场上屡战屡败，屡败屡战，败多胜少，逐渐有胜。是什么力量支撑着我们呢？是祖国，是我们希望祖国强大起来。当我们在莫斯科郊外的大别墅点燃壁炉，围在一旁，大家情不自禁地唱起了“五星红旗，迎风飘扬……歌唱我们心爱的祖国，从今走向繁荣富强……”

由于大量的文件准备工作，使得我们十分疲劳。我们在莫斯科郊外，伏尔加河边租了两幢供外交人员度假用的大别墅，轻松地度过了愉快的周末，感受了莫斯科郊外微风习习的夜晚，并开了一个莫斯科代表处办公会议。

我一生中，两次走过重要的分界线。当我从约旦的首都安曼去死海游泳，走过了地平线，下到海拔负三四百米的死海边。有人说，约旦拟从红海开一条大隧道，将红海水引入死海，利用这三四百米的落差发电，我想这是一项多么伟大的工程。死海的水可增加蒸发，改变沙漠的状况。大量的电力可以用于提炼海水化工产品，也可用于淡化海水，使之浇灌农田。随着科学的发展，人类对自然总会有征服能力的。我国的科学家也在草拟将雅鲁藏布江引入南疆、引入黄河的计划。人一定会胜天的，只要我们努力。全世界人民都会越来越富裕，中俄人民也会富裕起来。富裕不是西方的专利。

附录1

任正非简介

1944年出生，七个兄妹之长。

1978年从部队转业。

1982年到深圳，在南油工作两年，随后开了一家电子公司。

1987年开始创业。

1988年将公司改名华为，主营电信设备。

1992年华为开始研制C&C08交换机。

1994年参加亚太地区国际通信站，获得成功。

1995年在公司内部发起了“华为兴亡，我的责任”的企业文化大讨论。

1996年大规模与内地厂家合作，走共同发展的道路。

1997年两次访问美国，回国后写下《我们向美国人民学习什么》。

1998年启动大规模人才招聘计划。

2000年被美国《福布斯》杂志评选为中国50位富豪的前三位，个人财产估计为5亿美元。

2001年在公司内部发表《雄赳赳气昂昂跨过太平洋》讲话。

2003年荣获网民评选的“2003年中国IT十大上升人物”。

2004年名列“未来国际之星”榜首。

2005年入选《时代周刊》全球“建设者与巨子”100名排行榜，是中国唯一入选的企业家。

2006年居“2006年最具领导力的50位CEO”榜首。

2007年被评为2006年度中国IT年度人物。

2008年位居胡润强势榜第二名。

2009年当选《福布斯》中文版“2009年最受国际尊重的内地企业家”。

2011年位居《福布斯》富豪榜全球第1153名，中国第92名。

2012年位列《财富》中国最具影响力的50位商界领袖排行榜第一。

2013年位列《财富》中国最具影响力的商界领袖榜单第一；入选美国《时代》杂志全球一百位最具影响力人物。

2015年2月11日被人民网评为2014中国互联网年度人物。

2017年4月再次成为《财富》中国最具影响力的50位商界领袖排行榜第一。

附录2

任正非接受法国媒体采访

《回声报》/Solveig Godeluck：您是个低调的人，我们希望了解您是什么样的人，您的童年是怎样的，您来自哪里？

任：我也不清楚怎么解释自己是什么样的人，因为不知道应该从哪个角度来看。我认为自己从来都很乐观，无论身处什么样的环境，我都很快乐，因为我不能选择自己的处境。包括小时候很贫穷，我也认为自己很快乐，因为当时我也不知道别人的富裕是什么样的。直到40多岁以后，我才知道有那么好吃的法国菜。

我小时候生长在贵州的一个少数民族边缘小镇（镇宁县），在小镇读了小学和中学，随父亲工作变动，到了一个很小的城市（都匀市）读中学，然后考上大学。我父母分别是中、小学教师，虽然他们没有给我们宽松的物质生活条件，但在我的教育上付出得非常多。我不知道这个回答您是否满意？

《回声报》/Solveig Godeluck：希望您接着往下说。

任：我考上大学后，学的是建筑，在重庆建筑工程学院。电子方面是自学的，改行了。

《回声报》/Solveig Godeluck：后来我们知道您从军了一段时间，有人说您那段时间做的是工程方面的工作，也有人说是密码方面的工作，有人说是军官，也有人说不是军官。

任：大学毕业后我是当兵了，当的是建筑兵。当然是军官，不是士兵。在中国“当兵”这个说法是指行业，而不是职位。我当兵的第一个工程就是你们法国公司的工程。那时法国德布尼斯·斯贝西姆公司向中国出售了一个化纤成套设备，在中国东北的辽阳市。我在那里从这个工程开始一直到建完生产，然后才离开。我跟法国很有缘分，第一个工程就是法国的。我从事的是从石油裂解开始的油头八个装置的自动控制工作。当时有400或600多个法国专家在现场指导工作，他们教了我化工自动控制。

因为当时中国比较贫穷，国家的理想就是每个老百姓都能穿上化纤的衣服。中国人那时认为化纤的衣服很挺，不打皱，很漂亮。那个化纤厂建好以后中国就改革开放了，改革开放后中国人认为棉布比化纤好。化纤有个缺点，不透气，一旦着火以后沾在身上烧起来很危险。这个厂没有实现给每个中国人提供化纤服装的梦想，后来转变为做包装袋材料，而不是做衣服了。（记者：丝绸更好。）丝绸很贵啊，那就更不可能了。那时候中国人的总体生活水平还是很低的。所以为什么那个时期以化纤为主，就是为了解决中国人的温饱问题。像现在法国奢侈品对中国的出口，在那时候连印象都没有，因为30年前中国的基本问题是解决温饱。

《世界报》/Philippe Escande：为什么走上电信这一行？

任：如果我去卖水果，你也会问我为什么去卖水果。但是如果我聪明的话，不走上电信，也许对我的人生意义会更大。如果我去养猪的话，现在可能是中国的养猪大王了。猪很听话，猪的进步很慢，电信的进步速度太快，我实在累得跑不动了。不努力往前跑就是破产，我们没有什么退路，只能坚持到现在。我根本跟不上电信发展的速度。那时就是错误地以为电信产业大，好干，就稀里糊涂地进入电信了。进去后才知道电信最难干，它的产品太标准了，对小公司是一种残酷。但是我们退不出来了，因为开业后一点钱都没有了。退出来我们就什么都没有了，怎么生活，怎么养家？退出来，再去养猪的话，没钱买小猪，没钱买猪饲料。因此也不可能改行了，只好硬着头皮在电信行业前行。

《回声报》/David Barroux：您是指开始很不顺利？后面才好些？

任：应该是无知，我以为电信市场那么大，我做一点点养活我就行了。进来才知道电信不是小公司能干的，标准太高了，进步太快了。要活下来只有硬着头皮干到底，不然就干不下去了。那时应该说和我们同样傻的走上电信行业的公司有几千家、上万家，也许他们早认识到他们的傻，所以转到别的行业成功了。因为不认识他们，我说不清他们的故事。

《世界报》/Philippe Escande：当时中国政府是否有鼓励计划，鼓励人们在电信领域投资？

任：我们那时是因为傻继续走下来了，越往前走公司越少，越走越孤单。当时中国最大的问题是上千万“知识青年”从农村返回城市，无法就业，政府那时鼓励大家去卖大碗茶、卖馒头等过生活。这些人那时叫个体户，做得很成功的就叫万元户。万元户的概念就是一年能挣1000

欧元，在那个时候可能是大明星了，政府渴望解决知识青年回城就业问题。我也就是个成功的个体户。有些成功的个体户开始雇工，成为雇主，那时有法律规定雇工不得超过八个。中国的市场化、私有化就是在这样的情况下磕磕碰碰开端的。不可想象今天可以有十几万的雇工。

中国那时还没有想到在高科技产业产生突破，高科技在那个时候的中国还被认为是高不可攀的事。中国那时想解决的是“文革”的后遗症，使国家尽快稳定下来。在那个充满变化的时代，我们这个年龄段的人是很容易被时代抛弃的。转型的时代，中国从封闭的落后时代转变到现代化、电脑化的时代，我们这个年纪的人是最没有价值的。电脑不懂，英文不好。那时最代表中国潮流的是大范围的出国留学，吸收外国的经验，这对中国后来的经济发展起到了很大的推动作用。我们那个时代没有条件出国留学，只能看看书，从书中了解外国的经验。

《世界报》/Philippe Escande：那您当时为什么没有条件出国呢？

任：第一，我有老婆孩子，他们要吃饭、上学，总不能留学两年不管他们吧！第二，我英文不好，自学英文要花很长时间。又要挣钱又要补习英文，对我来说是很困难的。因此我目光短浅一点，没有出国。

《费加罗报》/Marc Cherki：华为公司的名字是您建立初就取的，还是后来取的？华为是中国繁荣的意思吗？

任：我们当初注册公司时，取不出名字来，看着墙上“中华有为”标语响亮就拿来做名字了，有极大的随意性。华为这个名字应该是取得不好。因为“华为”的发音是闭口音，不响亮。所以十几年来我们内部一直在争论要不要改掉这个名字，大家认为后面这个字应该是开口音，叫得响亮。最近我们确定名字不改了。我们要教一下外国人怎么发这个音，不要老念成“夏威夷”。

《费加罗报》/Marc Cherki：中国在继续变革，您拥有华为1.4%的股份，您想怎样把您的股份传给子女？

任：中国在发生变革，我相信这个变革是有利于世界的。特别是近日范佩龙和习近平主席、李克强总理的会谈很成功，他们达成的决议是非常伟大的，规划了未来20年中欧之间的相互关系，非常激动人心。亚欧两个经济体能发挥作用，对世界的贡献是巨大的。最近，中国共产党十八届三中全会做出的决定也非常伟大，因为推动中国国内的改革有了非常清晰的方向。在未来的10～20年中一定会发挥出巨大的作用。如果中国真的能够繁荣，就会对世界经济起到巨大的支撑作用。

我在改革开放的整个历史过程中仅仅是个过客，我没想过什么身后事。我太太的观念是把儿女培养成有能力的人。她说前面十几年辛苦，后面一辈子都不苦。如果前十几年没有努力教育好孩子，后面几十年都是痛苦的。我赞同她的观点。我太太为了教育孩子，一生就是做了家庭妇女。（记者：有几个孩子？）三个孩子，因为我孩子的总体教育是成功的，所以我从来没有考虑过财产怎么分配的问题。（记者：像比尔·盖茨。）我没有比尔·盖茨有钱。

《世界报》/Philippe Escande：为什么你只有1.4%的股份，而不是更多，以便更好地把握企业的经营？

任：为什么要持有更多的股份？能不能解释一下？难道我要一辈子承担企业的经营责任吗？迟早有一天我会得老年痴呆的。总有后面的人比我优秀，就让他们去管好了。后面的人也会更辛苦，他们的钱比我还少。

《世界报》/Philippe Escande：您在董事会里掌握的表决权是否比股份分量更重？

任：我们是一人一票制，而不是根据股权比重。在董事会上我说得对，大家听取，我说得不对，大家反对，我们从来都是民主讨论。

《费加罗报》/Marc Cherki：说到国际化发展，华为的董事会里目前只有中国同事，这一点今后会不会变化？

任：我们国际化是要一个阶段一个阶段地走出来。如果一开始就强调董事会国际化的话，今天会乱得一塌糊涂，不知道向哪里走。我也不认为今天华为公司就很先进，我觉得我们还处于过渡时期，我本人也只是在过渡时期起到一定作用。我们在逐步地使自己走向国际化。我们子公司已经开始有外籍董事了，如澳大利亚子公司董事会。

《世界报》/Philippe Escande：公司现在一共有多少股东，多少股份？

任：大概有7万多人持有公司股份。外籍员工持有的是一种TUP模式。

《世界报》/Philippe Escande：是否有外籍员工持有公司股份？

任：具体多少我不知道，应该是几千人，上万人。我们中方员工持有的公司股份也不是真正股份，叫虚拟受限股。因为全球法律不一致，我们要适应不同国家的法律形式的要求。我们也不是上市公司，我们能做到的是利益分享一致。

《**世界报**》/Philippe Escande：从股权结构上讲，华为是否是合作式的股权结构？当员工离开华为时，是否要把持有的股权交回企业？

任：不一定。比如员工到了一定年龄，退休时可以自愿决定放弃还是持有。如果持有的话是要承担风险的。

《**世界报**》/Philippe Escande：员工所持的股份能不能传给下一代？

任：不能。

《**新工业**》/Emmanuelle Delsol：您刚才说华为现在处在转型时期，你们在国外有很成功的发展，很多研发力量在国外。您觉得在哪些方面的欠缺，使你们还不能成为真正的国际化公司？

任：转型是一个缓慢的过程，我们还处在逐步国际化的过程中，我们也不知道什么是最好的国际化模式。所以我们在慢慢地寻找真正的国际化。

我们也不怕别人说我们什么不好。关键问题是我们是不是真正的不好。如果我们没有什么问题，不在乎别人是不是说我们不好。因此我们是经得起考验的，我们要保持自己真正的好。

《**新工业**》/Emmanuelle Delsol：自从有了美国棱镜事件以后，西方国家对华为的态度是不是好了一些？

任：对棱镜事件我们不关注。这个事件讲的是信息的问题。信息的问题更多是互联网公司的问题。我们做的是管道，就是传输信息的管道。甚至我们做的不是管道，仅仅是做管道的铁皮。自来水污染了，应该去找水厂，不应该怨铁皮。

《**回声报**》/Solveig Godeluck：你们是否有点像思科？

任：我们和思科还不一样。思科要比我们先进。全世界走向ATM技术模式时，唯有思科走的是IP模式。结果我们全部都走错了，就思科走对了。思科就站在全世界的前面，领先了世界。我们现在还创建不到这么高的水平，因为我们还在走向IP的路上，在这条路上的创造能力还不如思科。

《**观点报**》/Guillaume Grallet：您刚才提到您年轻时是从书里了解世界的，都有哪些书？

任：第一点看了哪些书我确实是不能回答出来。我实际上是个宅男，我没有其他生活爱好，下班就回家，不是读书就是看电视、看纪录片、上网。我的阅读速度非常快，书读得很多，不知哪本书影响了我、哪件事影响了我、思想是怎么生成的。我脑袋里的想法我也找不到源头在哪儿。

《**世界报**》/Philippe Escande：和您同一代的创业家很多以美国的韦尔奇为管理典范，您是否受到他的影响？

任：我没有受到他的任何影响，因为我不了解韦尔奇。我们学的方法是IBM的。IBM教会了我们怎么爬树，我们爬到树上就摘到了苹果。我们的老师主要是IBM。

《**回声报**》/David Barroux：法国和欧洲越来越有保护主义呼声崛起，特别是针对中国、针对电信企业，您是否担忧？对华为是否有影响？

任：我对任何一种保护都不担忧。谁也阻挡不了这个社会变成信息社会。信息流的增长速度，非常非常快，并不以人们的意志为转移。当流量越来越大时，主要是看谁有解决疏导这些流量的能力问题。我认为只要有流量就有希望。当前在疏导流量方面华为的能力是强的。所以你愿意不愿意，可能都要采用华为的设备。我们不能保证别的企业以后不会超过华为。我们在组织上变革就是要使华为的人永远保持青春活力，保持和新兴的公司竞争的能力。

《**观点报**》/Guillaume Grallet：您这次来是准备要见法国数字经济部部长、工业部部长、奥朗德总统？

任：我这次来没有奢望见总统。见了工业部部长和外交部部长，我已经很兴奋了。我们在法国的发展，未来将新增三个研究所：第一个是美学，研究所关注于色彩学，法国在色彩学上的积淀可以帮助华为的产品改变形象。第二个是数学研究所，未来的数字世界流的数据大得不可想象，我们不知道如何应对这样大的流量。自来水在管道里面分子是一样的，从这个支路到那个支路流动的都是水。巴黎的自来水管网就非常复杂了。而在信息管道里面流的每一个分子都不一样，而且每个分子必须准确流到它想去的地方。如果，这个信息流比自来水大千亿倍，信息管道比太平洋还粗，怎么办？我们就打算在数学领域加大投资，用数学的办法来解决这样一个大流量下的管理办法。我们十几年前在莫斯科投资了一个数学所，数十名数学家帮助华为的无线发展成为全球一流，也使华为从落后公司变成世界先进公司。我们觉得面对未来的大数据业务，数学能力支持不够，因此想在法国成立一个大的数学所，希望能解决大数据的问题。第三个是芯片设计中心，现在芯片技术美国最发达，我们在设计水平上已经达到了美国水平。我们想继续加大芯片投资，改变我们的落后状况。

《世界报》/Philippe Escande：您一生为人低调，媒体见得不多，为什么今天您这样做了？而且选择在法国？

任：我一贯不是低调的人，否则不可能领导十几万华为人。在家我平时都和小孩一起疯。家里读书的小孩经常和我聊天，我很乐意夸夸其谈。我并不是外面媒体描述的低调的人。

我很重视中欧关系的解决，华为和欧盟关系的解决。我在英国等很多国家都会见过媒体。法国代表处老是叫苦，说你不出来见媒体我们不好做工作。我就说，有空我们就见见，只要你们不歪曲报道，我们就是朋友，以后有空可以一起喝下午茶。如果你们专门盯住我讲错哪一点呢，那么下午茶时我就会老老实实地、规规矩矩地呆坐在那儿，就不会像小孩打打闹闹那么随便。法国是个浪漫的国家，为什么不只看我的主流，忽略细节，一起浪漫呢？

我今天的飞机马上要飞罗马尼亚，所以不能和大家多聊了。欢迎大家今后到公司去。非常感谢！